音视频普及版

国学传世经典　名师导读丛书

汉书

【东汉】班固◎著

总主编　胡大雷

主编　朱洋洋

漓江出版社

图书在版编目（CIP）数据

汉书 /（东汉）班固著；胡大雷总主编. -- 桂林：漓江出版社，2023. 1
（国学传世经典名师导读丛书）
ISBN 978-7-5407-9235-0

Ⅰ. ①汉… Ⅱ. ①班… ②胡… Ⅲ. ①中国历史-西汉时代-纪传体②《汉书》-研究 Ⅳ. ①K234. 104. 2

中国版本图书馆 CIP 数据核字(2022)第 053177 号

汉书 HANSHU

作　　者　【东汉】班固　著
总 主 编　胡大雷
主　　编　朱洋洋

出 版 人　刘迪才
策划统筹　林晓鸿　陈植武
责任编辑　林晓鸿
助理编辑　秦　灵
装帧设计　林晓鸿
责任校对　徐　明
责任监印　杨　东

出版发行　漓江出版社有限公司
社　　址　广西桂林市南环路 22 号
邮　　编　541002
发行电话　010-65699511　0773-2583322
传　　真　010-85891290　0773-2582200
邮购热线　0773-2582200
网　　址　www. lijiangbooks. com
微信公众号　lijiangpress

印　　制　河北赛文印刷有限公司
开　　本　710mm×1000mm　1/16
印　　张　13
字　　数　187 千字
版　　次　2023 年 1 月第 1 版
印　　次　2023 年 1 月第 1 次印刷
书　　号　ISBN 978-7-5407-9235-0
定　　价　36. 80 元

前言

胡大雷

古今中外都说“上学读书”。读什么书？其中之一就是读国学经典。习近平总书记说：“实现中国梦必须走中国道路、弘扬中国精神、凝聚中国力量。”中国精神，体现在中国人的行为实践中，也体现在国学经典里。国学经典集中传统文化的精华，把古往今来中国人的行为实践概括为语言文字，凝聚为学术知识。

从国学经典里，我们可以读到什么、学到什么？

第一，我们学到了中国人治国理政的作为、做人做事的规范。古代的“经书”“垂世立教”，就是用以传承的治国理政的纲要，读“经书”，就是要懂得做人的规范，比如《论语》倡导的“仁礼孝德”“温良恭俭让”等。做人要诚己刑物，以自己的真诚去匡正社会。

第二，我们坚定了以爱国主义为核心的民族精神，以此凝聚与铸牢中华民族共同体意识。《春秋》讲“大一统”，所谓“六合同风，九州共贯”；司马迁《史记》讲“大一统”，“大一统”是贯穿中华民族爱国主义精神的一条红线，成为中华民族的精神基因。从《诗经》到屈原的《离骚》，从杜甫的诗句中，从文天祥的《正气歌》、林则徐等人的作品中，我们看到国学经典中有着怎样的对国家民族的期望。爱国主义精神又体现在“天下兴亡，匹夫有责”的名言以及范仲淹“先天下之忧而忧，后天下之乐而乐”的豪言壮语中。

第三，我们读到了中国人的智慧。老子《道德经》说：“上善若水，水善利万物而不争。”而且如此智慧的语言又体现在执行能力上，习近平总书记就提出，领导者要有老子《道德经》所说“治大国如烹小鲜”的态度。“穷则独善其身，达则兼济天下。”儒道两家为人处世的智慧体现在其中。《庄子》讲“无以人灭天，无以故灭命”，教导我们要与自然相适应；讲“言者所以在意，得意而忘言”，昭示我们要探究事物更深层面的道理。墨子讲

"言有三表"，指明判断真理的几大标准。孟子讲"说诗者不以文害辞，不以辞害志"，讲"知人论世"，以智慧去实施文学批评。这些都值得当代人借鉴。

第四，我们读到了中国人建设美好家园的奋斗精神。孔子称"大道之行也，天下为公。选贤与能，讲信修睦"为人类的理想世界；陶渊明《桃花源记》描摹的桃花源。国学经典中多有对理想社会的叙写，但更多的则是告诉我们如何通过奋斗来实现生活的目标，如"愚公移山"。习近平总书记指出："我们要立下愚公移山志，咬定目标、苦干实干，坚决打赢脱贫攻坚战。""让我们大力弘扬愚公移山精神，大力弘扬将革命进行到底精神，在中国和世界进步的历史潮流中，坚定不移把我们的事业不断推向前进，直至光辉的彼岸。"这些重要论述，赋予传统文化中的奋斗精神以新的时代内涵。

第五，我们得到了文学的享受。国学经典各有文体，它们尽显各自的风采。从语言格式来说，古老《诗经》的四言、《楚辞》的"兮"字体，又有五言、七言及其律化，曲词的长短句，无所不用，只求尽兴尽情。除诗以外，文分散、骈，不拘一格，无不朗朗上口，贴切合心。从表达功能来说，或抒情，或说理，或叙事，读者赏心悦目，便是上乘之作。

我们是中华民族的传人，一呱呱落地，就接受着传统文化的阳光雨露；我们每一个中国人，无论老幼，无论从事什么职业，都应该善于学习，多读国学经典。中华文化是我们的精神家园，国学经典是我们精神家园的文本载体。今天，我们读国学经典，就是树立做一个中国人的根本，就是为了传承中华优秀传统文化，令其生生不已，并赋予新的时代内涵。

为了帮助广大读者学习和阅读国学经典，强化记忆，编者精心选编了这套国学经典丛书，设置导读、注释、译文、点评、拓展阅读、学海拾贝等版块，对原著进行分析解读，并在每本书附加60分钟的音视频画面，范读内容均为经典段落、格言警句及诗词赏析。本套书参考引用了历代学者或今人的研究成果，未能详细列出，在此特别说明，并对众多国学研究者的辛勤劳动致以谢忱！

书路领航

作者简介

班固，东汉历史学家。《汉书》由其编撰而成。他是东汉历史学家班彪之子，名将班超与才女班昭之兄。班固出身儒学世家，家里有很多藏书。自幼聪明伶俐，九岁能作文，背诵诗词歌赋，成年后博览群书，博闻强识，“九流百家之言，无不穷究”。他也是东汉著名的辞赋家，代表作有《两都赋》《幽通赋》等。

《史记》只写到汉武帝太初年间，后来很多人，比如刘向、冯商、扬雄等人都曾为其编写续篇。班彪看到后人编写的续篇，感到很不满意，于是亲手为《史记》编写《后传》六十余篇。班彪去世后，班固继承父亲的遗志，动手整理父亲的遗稿，以完成这部著作。

几年后，有人向汉明帝告发班固“私修国史”。班固被捕入狱，书稿全部查抄。他的弟弟班超向汉明帝解释开脱，才使班固无罪释放。汉明帝很赏识班固的才学，让他继续完成其父所著之书。

班固与陈宗等人同心协力，完成了记录东汉光武帝事迹的《世祖本纪》，得到明帝的赞扬。班固受命继续修撰光武一朝史事，后撰成东汉功臣，平林、新市起义军和公孙述的事迹，共成列传、载记28篇。《东观汉记》是东汉皇朝的当代史，自明帝后，章帝、安帝……历朝都有续修。当代史的纂修自班固始，在保留史实的真实性、开创性上有极重要的意义。后人将班固与司马迁合称“班马”，班在马前，可见评价之高。

汉和帝永元元年（89年），班固随窦宪率兵讨伐匈奴，任中护军。三年后窦宪密谋叛乱，事败自杀，班固因受牵连被免职，死在狱中。他的主要著作有《白虎通义》《汉书》和《班固集》（已佚）等。班固死时《汉书》尚未完成，八“表”及“天文志”都没完成。汉和帝命其妹班昭续写遗作，还没完成，班昭病逝。后由班昭的门生马续最终补写完成。

创作背景

西汉初期经过几代人的努力，到汉武帝时期已经进入鼎盛时期。为加强中央集权，汉武帝实行“罢黜百家，独尊儒术”的文化政策，努力推行儒学教育，创办太学，把孔子的学说确定为封建正统思想，因而历史学家的著述也带有较为明显的儒家思想倾向，对班固的影响最为明显。班固所处时代社会经济发展，文化繁荣，客观上有利于他潜心著述。

西汉末年社会动乱，王莽夺政建立新朝，开始进行改革，但他的改革以失败告终，没能解决社会问题，导致人民陷入苦难之中，社会混乱，爆发了大规模的农民起义。西汉皇族刘秀建立东汉，社会逐渐恢复安定。东汉统治者为了总结历史教训，迫切需要编写前朝历史。汉明帝对史书著述工作的重视，是《汉书》得以在官方支持下完成的重要原因。

同时，我国第一部纪传体史书《史记》，对《汉书》的影响也是不容忽视的。《史记》作者司马迁凭借自己的卓越史学才华，将全书划分为本纪、列传、世家、书、表，体例完善，结构分明，使得班固创作《汉书》有章可循，事半功倍。同时，对于汉武帝以前的汉代历史记载，司马迁生活年代较近，又有担任太史令、中书令等职务的便利，收集和考证都非常详细，班固在创作史书时可以方便地进行参考乃至借用。而且，有《史记》珠玉在前，让东汉统治者对班固创作的新史书充满期待。此外，东汉统治者对司马迁的一些历史观点不满意，特别是司马迁对汉武帝迷信神仙方术、穷兵黩武等的大胆揭露，尤其让东汉统治者愤怒。司马迁创作的《史记》有较为浓厚的浪漫主义特色，这也是儒学色彩浓厚的东汉统治者不喜欢的。种种原因让东汉统治者觉得，应该重新编写一本描写西汉一代的史书，这是促成《汉书》成书的重要因素。可以说，《史记》的诞生及流行，是让《汉书》得以顺利完成的重要背景。

由于《史记》只写到汉武帝太初时期，之后的历史是空缺的，虽然有许多学者相继续写《史记》，但水平参差不齐，甚至有狗尾续貂之嫌。班固的父亲班彪对此非常不满，决心续写《史记》。他经过多年对历史事迹的收集，凭借自己不凡的史学功底和文学才能，创作了六十余篇《史记后传》，遗憾的是没有完成就病逝了，他的遗稿却成为班固创作《汉书》的基础。

就这样，班固的创作既迎合了东汉统治者的需要，又是对父亲遗志的继承，同时也是《史记》诞生之后著史传统的延续。种种因素催生出《汉书》这部深受后人喜爱的史学巨著。

内容提要

《汉书》，又名《前汉书》，是继《史记》之后的又一部重要史书，它开创了中国纪传体断代史的先河，体例为后世沿袭；与《史记》《后汉书》《三国志》并称“前四史”，同时也是“二十四史”之一，在中国文学史上地位突出。

《汉书》主要记载了上起西汉高祖元年（前 206 年），下至新朝王莽地皇四年（23 年）共约二百三十年的史事。全书包括纪十二篇、表八篇、志十篇、列传七十篇，共一百篇八十余万字，后人又将其划分为一百二十卷。汉书中的“纪”主要是汉高祖至汉平帝的编年大事记。“表”多依《史记》旧表，新增汉武帝以后的沿革，其中的《古今人表》，作者用儒家思想作为衡量标准，把历史上的著名人物分成四类九等，以表格的形式罗列出来。“志”专记典章制度的兴废沿革。

“列传”则依《史记》之法，为公、卿、将、相作列传，同时以时代顺序为主，先专传，次类传，再次为边疆各族传和外国传，以《王莽传》居末，体统分明。因东汉王朝不承认王莽建立的新朝，故把王莽放在“传”中，贬于传的末尾。

《汉书》史实丰富、翔实，成就很高。全书简明扼要地列举了历史发展的大概，既详细记叙了相关史事，又方便查看人物活动情况，还顾及了典章制度的历史沿革，反映了西汉政治经济制度和社会文化情况，极具史料价值。《汉书》还用生动、形象、平实的语言塑造了许多鲜活的人物，是后世传记文学的典范之作。

目录

CONTENTS

高帝纪

名师导读

汉高祖刘邦壮年时在沛县任泗水亭长，起兵于沛县，在与群雄特别是项羽进行了七年战争后，夺得最终的胜利。登基后，刘邦一面平定诸侯王的叛乱，巩固统一的局面，一面建章立制，并采用休养生息的政策治理天下，迅速恢复生产，发展经济，不仅安抚了人民，也奠定了汉代政治文化基础，使秦末四分五裂的中国再度统一起来，有效凝聚和提升了民心，对汉民族的统一、汉文化的保护和发扬有重要而突出的贡献。

【原文】

高祖，沛丰邑中阳里人也①，姓刘氏。母媪尝息大泽之陂②，梦与神遇。是时雷电晦冥③，父太公往视，则见交龙于上。已而有娠，遂产高祖。

【注释】

①沛：县名。丰邑：当时隶属沛县，现在属于江苏丰县。

②媪（ǎo）：指老年妇女。息：闭目小憩。陂：堤坝。

③晦冥：同“晦暝”，昏暗。

【译文】

汉高祖是沛县丰邑中阳里人，姓刘。他的母亲有一次曾在水塘堤坝上闭目小憩，梦中遇见了神灵，当时雷电交加，昏暗不定，见此景象，刘邦的父亲太公前往水塘堤坝接应，只见一条蛟龙蟠伏在刘邦的母亲身上。不久就有了身孕，生下了汉高祖刘邦。

【原文】

高祖为人，隆准①而龙颜，美须髯，左股有七十二黑子②。宽仁爱人，意豁如③也。常有大度，不事家人④生产作业。及壮，试吏⑤，为泗上亭长⑥，廷中吏⑦无所不狎侮。好酒及色。常从王媪、武负贳酒⑧，时饮醉卧，武负、王媪见其上常有怪。高祖每酤留饮，酒雠⑨数倍。及见怪，岁竟，此两家常折券弃责⑩。

【注释】

①隆准：高鼻梁。

②股：大腿。黑子：黑痣。

③意豁如：性情豁达大度。

④家人：指平常人。

⑤试吏：试用补吏。

⑥泗上：地名，在今江苏沛县东。亭长：秦汉时的基层吏员，负责民政事务。

⑦廷中吏：这里指县里的吏员。

⑧武负：姓武的老妇。负，古语指老妇。贳（shì）：赊欠。

⑨雠（chóu）：售。

⑩折券弃责：毁账单，免债务。

【译文】

高祖这个人，鼻梁高且眉骨隆起，胡须漂亮，左大腿上还有七十二颗黑痣。他的性情豁达大度，有仁爱之心，心地开阔。他平日里不拘小节，从来不肯干平常人的生产活计。到了壮年时期，试补小吏，当上泗水亭长，与官府的每个吏员都混得十分熟络。他好酒又好色，常常到王大娘、武大娘的酒店里赊酒，有时候喝醉了就直接卧倒不起。武大娘、王大娘都觉得高祖很奇异，因为每次只要他到店中饮酒，店里售出的酒就要比平时多好几倍。因为这一怪象，每年年末，这两家酒店总是毁掉欠债契券，不再向高祖要债。

【原文】

高祖常繇咸阳①，纵观②秦皇帝，喟然③大息，曰："嗟乎，大丈夫当如此矣！"

【注释】

①繇：通"徭"，服徭役。咸阳：秦都，在今陕西咸阳东。

②纵观：允许百姓观摩皇帝车驾。

③喟然：叹气的样子。

【译文】

高祖常去咸阳服徭役。有一天，在观看秦始皇出行时，他叹息地说道："哎呀，做大丈夫就应当有这种威风啊！"

【原文】

单父①人吕公善沛令，辟仇，从之客，因家焉。沛中豪杰吏闻令有重客，皆往贺。萧何为主吏，主进②，令诸大夫③曰："进不满千钱，

坐之堂下。”高祖为亭长，素易[④]诸吏，乃绐[⑤]为谒曰“贺钱万”，实不持一钱。谒入，吕公大惊，起，迎之门。吕公者，好相人，见高祖状貌，因重敬之，引入坐上坐。萧何曰：“刘季[⑥]固多大言，少成事。”高祖因狎侮[⑦]诸客，遂坐上坐，无所诎[⑧]。酒阑，吕公因目固留高祖。竟酒，后。吕公曰：“臣少好相人，相人多矣，无如季相，愿季自爱。臣有息女[⑨]，愿为箕帚妾。”酒罢，吕媪怒吕公曰：“公始常欲奇此女，与贵人。沛令善公，求之不与，何自妄许与刘季？”吕公曰：“此非儿女子所知。”卒与高祖。吕公女即吕后也，生孝惠帝、鲁元公主。

【注释】

①单（shàn）父（fǔ）：秦县名，即今山东单县。

②进：通“赆”。这里指收入的钱财。

③大夫：爵名，秦汉二十等爵的第五级。此处借为对客之尊称。

④易：轻视。

⑤绐（dài）：欺骗。

⑥刘季：指刘邦，字季。

⑦狎侮：言行举止轻慢，戏弄。

⑧无所诎：毫不退让的意思。诎，屈，让。

⑨息女：亲生女儿。

【译文】

单父人吕公与沛县县令是很好的朋友，为了避开仇家，初次来到县令家做客，后来干脆就在沛县安家。沛县中一些有头面的人听说县令家有贵客到，纷纷前往送礼祝贺。萧何任县里的功曹，主管收下的馈赠礼品和钱财，他向客人宣布：“贺钱不超过一千钱的，就请坐在堂下。”高祖当时任亭长，向来轻视他们这种做法，就在拜帖上谎称“贺钱一万”，实际上他没带一文钱。传报进去，吕公大吃一惊，马上起身到门口迎接他。吕公这人，善于相面，看到高祖形貌非凡，特别敬重他，请他坐上座。萧何说："刘季从来只喜欢多说大话，很少办成事。"高祖素来轻视诸客，便径直坐了上座，没有半点儿辞让。酒到半醉，吕公以目示意高祖留下。散席后，吕公说："我年轻时喜欢给别人看面相，看过很多人，但从没遇到过像你这种相貌的，希望你能够爱护自己。我有一个亲生女儿，愿意嫁与您为妻。"酒宴过后，吕媪生气地对吕公说："你当初口口声声说女儿是咱俩的宝贝，想要许给有钱的贵族人家。沛县县令向来待你不薄，想娶女儿你都不答应，如今却将自己的女儿糊糊涂涂地许配给那个刘季，这是为什么呀？"吕公说："这不是你们女人所能理解的。"最终将女儿许给高祖。吕公的女儿就是后来的吕太后，生了孝惠帝和鲁元公主。

【原文】

高祖以亭长为县送徒骊山，徒多道亡[①]。自度[②]比至皆亡之，到丰西泽[③]中亭，止[④]饮，夜皆解纵所送徒，曰："公等皆去，吾亦从此逝[⑤]矣！"徒中壮士愿从者十余人。高祖被酒[⑥]，夜径[⑦]泽中，令一人行[⑧]前。行前者还报曰："前有大蛇当径，愿还。"高祖醉，曰："壮士行，何畏！"乃前，拔剑斩蛇。蛇分为两，道开。行数里，醉困卧。后人来至蛇所，有一老妪[⑨]夜哭。人问妪何哭，妪曰："人杀吾子。"人曰："妪子何为见杀？"妪曰："吾子，白帝子[⑩]也，化为蛇当道，今者赤帝子斩之，故哭。"人乃以妪为不诚，欲苦之，妪因忽不见。后人至，高祖觉[⑪]。告高祖，高祖乃心独喜，自负。诸从者日益畏之。

【注释】

①徒：服劳役的人。道亡：半道逃走。

②度（duó）：估计，推测。

③丰西泽：在江苏丰县西。

④止：停下休息。

⑤逝：离去。意谓逃走。

⑥被酒：带有醉意。

⑦径：通“经”，经过。

⑧行：走。

⑨老妪：老年妇女。

⑩白帝子：传说汉高祖刘邦为赤帝之子，秦统治者为白帝之子。

⑪觉（jué）：睡醒。

【译文】

高祖以亭长的身份为县里押送民夫前往骊山，民夫大多在途中逃走。他估计等到了骊山也就该全部跑光了，因此行至丰西泽中亭时，他让队伍在此停下休息饮酒，趁夜释放了送往骊山的民夫。他说：“各位，你们都走吧，我从此也要逃走了！”民夫队伍中有十几个年轻力壮的愿意跟随他一起逃走。高祖乘着酒兴，带领众人夜间穿行在泽中小道，让其中一个人到前边探路。探路人回来之后汇报情况说：“前面有一条大蛇横在路的中央，不要再往前走，赶快回去吧。”高祖带着醉意说：“年轻力壮的小伙子走路，有什么好害怕的！”继续向前走去，拔出身上的剑迅速把那条大蛇给斩了。蛇被斩为两段，道路也打开了。走了数里，高祖因酒醉困乏卧倒在地。后面的人赶到蛇被斩死的地方，看到一位老妇在那里哭泣。众人问她为什么而哭，老妇说：“有人杀了我的儿子。”众人说：“老婆婆的儿子为什么被杀？”老妇说：“我的儿子是白帝之子，变成一条蛇挡了道，今天让赤帝之子给杀了，所以我才哭啊。”众人听了之后，还以为老妇不老实，不说实话，想让她吃点苦头，老妇却突然不见人影。后面的人赶上了高祖，高祖已经清醒。众人告诉他刚才发生的事情，高祖心中暗自高兴，显出十分得意的样子。追随他的人自那日起都越来越敬畏他。

【原文】

秦二世元年秋七月，陈涉起蕲①，至陈，自立为楚王，遣武臣、张耳、陈馀略②赵地。八月，武臣自立为赵王。郡县多杀长吏以应涉。九月，沛令欲以沛应之。掾③、主吏萧何、曹参曰："君为秦吏，今欲背之，帅沛子弟，恐不听。愿君召诸亡在外者，可得数百人，因以劫众④，众不敢不听。"乃令樊哙召高祖。高祖之众已数百人矣。

【注释】

①陈涉：陈胜。蕲（qí）：县名，在今安徽宿州南。

②略：通"掠"，侵夺。

③掾：指沛县的属吏，当时曹参为沛县狱掾。

④因以劫众：借以挟制民众。

【译文】

秦二世元年（公元前 209 年）秋七月，陈胜在蕲县大泽乡揭竿而起，后到陈县，自立为楚王，派武臣、张耳、陈馀攻取赵国。八月，武臣自立为赵王。各郡县的平民百姓杀掉主要官吏以响应陈胜的农民起义。九月，沛县县令为了保全自己，也试图响应起义。主吏萧何、掾属曹参进言说："您身为秦朝官吏，今天却想率领沛县的所有子弟背叛现在的朝廷，恐怕他们不会听从您的命令。希望您召回所有逃亡在外的人，这样可以得到几百人来增强力量，用来挟制沛县的群众，这样一来群众就不敢不听从您的命令了。"于是县令就派吕雉的妹夫樊哙接回高祖。这时高祖的手下已有几百个人了。

【原文】

沛公至霸上[①]。秦王[②]子婴素车白马，系颈以组[③]，封皇帝玺符节，降枳道[④]旁。诸将或言诛秦王，沛公曰："始怀王遣我，固以能宽容，且人已服降，杀之不祥。"乃以属吏[⑤]。遂西入咸阳，欲止宫休舍[⑥]，樊哙、张良谏，乃封秦重宝财物府库，还军霸上。萧何尽收秦丞相府图籍文书。

【注释】

①沛公：刘邦。起兵于沛（今江苏省沛县），号称沛公。霸上：地名，在今陕西西安东。

②秦王：子婴不敢承袭帝号，但称王。

③系颈以组：以丝带系颈，表示是该死的罪犯。组，丝带。

④枳道：一说为亭名。

⑤属（zhǔ）吏：交给有司看管。

⑥止宫休舍：在宫殿中休息。

【译文】

沛公到达霸上。秦王子婴乘坐素车白马，颈上系着丝带，把皇帝的玉玺、符节封好，出城在枳道旁投降。众将中有人建议杀掉秦王，沛公说："当初怀王派我来到这里，就是因为我宽容，况且现在人家都已经服罪请降，杀掉他反而不吉利啊。"便将子婴交给有司看管。于是，沛公西入咸阳，并想留宿宫中，樊哙、张良都来劝阻，沛公这才把秦朝所有的贵重宝物封存在府库中，并还军驻扎霸上。萧何尽收丞相府地图、户籍、档案文书。

【原文】

十一月，召诸县豪桀曰："父老苦秦苛法久矣，诽谤者族，耦语者弃市①。吾与诸侯约，先入关者王之，吾当王关中。与父老约法三章耳：杀人者死，伤人及盗抵罪②。余悉除去秦法。吏民皆按堵如故③。凡吾所以来，为父兄除害，非有所侵暴，毋恐！且吾所以军霸上，待诸侯至而定要束④耳。"乃使人与秦吏行至县乡邑告谕之。秦民大喜，争持牛羊酒食献享军士。沛公让不受，曰："仓粟多，不欲费民⑤。"民又益喜，唯恐沛公不为秦王。

【注释】

扫码看视频

①耦语：聚在一起议论。弃市：在街市上处死。

②抵罪：按情节轻重判罪。

③按堵如故：照常不变。

④要束：约束。

⑤费民：使百姓破费。

【译文】

高帝元年（公元前206年）十一月，沛公召集各县的英雄豪杰说："各位父老受秦朝的苛法之苦已经很久了，诽谤的被灭族，聚众议论的处死街头。我与诸侯约定，先入关的那个人称王，我当在关中为王。与乡亲父老约法三章：杀人者应该处死，伤人及盗窃的应按情节轻重判罪。其余的秦法一律废除。官吏百姓原来的生活都不改变。我入关的最大目的，就是为广大乡亲父老除害，不是为了掠夺施暴，不要害怕！我之所以还要驻扎霸上，是为了等诸侯到来再定约束。"于是派人与秦朝故吏到县乡邑转告给所有的百姓。秦民心里都很高兴，纷纷带上自家的牛羊酒食争先恐后地献给官兵享用。沛公将所有的东西推让掉，一点儿都没有收下，说："仓库中粟米粮食很充足，不想花费百姓的。"百姓听到后更加高兴，他们只担心沛公不当秦王。

【原文】

亚父①范增说羽曰："沛公居山东②时，贪财好色，今闻其入关，珍物无所取，妇女无所幸，此其志不小。吾使人望其气，皆为龙，成五色，此天子气。急击之，勿失。"于是飨士，旦日合战③。是时，羽兵四十万，号百万。沛公兵十万，号二十万，力不敌。会羽季父左尹项伯④素善张良，夜驰见张良，具告其实，欲与俱去，毋特⑤俱死。良曰："臣为韩王送沛公，不可不告，亡去不义。"乃与项伯俱见沛公。

【注释】

①亚父：犹仲父，是项羽对范增的尊称。

②山东：指崤山或华山以东的地区。

③旦日：第二天。合战：会战。

④左尹：楚官名，职同左相。项伯：项羽的伯父。曾因杀人逃命，被张良所救，受张良所托保护刘邦。

⑤特：但。

【译文】

亚父范增劝项羽说："沛公在山东的时候，一直贪财好色，听说他入关后，珍物宝器不取，妇女亦无所爱，他的志向可不小。我已经派人看过他头上的云气，云气如龙，呈五彩缤纷之色，这可是天子气。赶快去攻击，不要失掉这个良好的时机。"于是犒劳士兵，下令第二天早上交战。这时，项羽的军队四十万，号称百万。沛公的军队总共才十万，号称二十万，沛公远远抵不住项羽的进攻。正好项羽叔父左尹项伯平时与张良交好，夜间急忙跑来向张良通风报信，将实情原原本本告诉了他，并且劝他和自己一同立即离去，不要在这里白白送死。张良说："我替韩王护送沛公，不能不将此事告诉他，不辞而别就是不仁不义。"于是与项伯一起去拜见沛公。

【原文】

沛公与伯约为婚姻，曰："吾入关，秋豪无所敢取，籍①吏民，封府库，待将军。所以守关者，备他盗也。日夜望将军到，岂敢反邪！愿伯明言不敢背德。"项伯许诺，即夜复去。戒沛公曰："旦日不可不早自来谢。"项伯还，具以沛公言告羽，因曰："沛公不先破关中兵，公巨②能入乎？且人有大功，击之不祥，不如因善之。"羽许诺。

【注释】

①籍：用文簿登记。

②巨：犹"岂"。

【译文】

沛公与项伯约为儿女亲家，说："我入关后，丝毫没有占有的意思，登记户口，查封府库，等待着将军的到来。之所以在此处把守关口，目的是为了防盗。我是日夜盼望将军的到来，怎么敢反叛呀！还麻烦项伯去说明一切真相，说我不敢违背将军。"项伯答应当夜返回，并告诫沛公说："明天最好早点儿亲自来向将军认错。"项伯回去后，把沛公所说的话全都告诉了项羽，并说："如果没有沛公先破关中兵，你能够入关吗？况且人家现在还立了大功，攻击他是没有道理的，也不吉利，不如就这样善待于他。"

项羽答应了。

【原文】

沛公旦日从百余骑见羽鸿门[①]，谢曰：“臣与将军勠力[②]攻秦，将军战河北，臣战河南，不自意先入关，能破秦，与将军复相见。今者有小人言，令将军与臣有隙。”羽曰：“此沛公左司马曹毋伤言之，不然，籍何以至此？”羽因留沛公饮。范增数目[③]羽击沛公，羽不应。范增起，出谓项庄[④]曰：“君王为人不忍，汝入以剑舞，因击沛公，杀之。不者，汝属且为所虏。”庄入为寿[⑤]。寿毕，曰：“军中无以为乐，请以剑舞。”因拔剑舞。项伯亦起舞，常以身翼蔽沛公。樊哙闻事急，直入，怒甚。

【注释】

①鸿门：古地名，今称项王营，在今陕西西安临潼区东。

②勠力：并力。

③目：使眼色。

④项庄：项羽从弟。

⑤为寿：祝酒。

【译文】

清晨，沛公带着百余骑兵去鸿门拜见项羽，说："我与将军齐心协力攻秦，将军打河北这一带，我打河南那一带，可真的没想到会比将军早一步入关，还能战败秦，并与将军在此处再次相见。如今小人越来越多，将军不可听信谗言啊，他们是想挑拨离间，让将军和我之间产生嫌隙。"项羽说："这是沛公左司马曹毋伤说的，不然我怎么会这样？"项羽留沛公饮酒。范增几次用眼神暗示项羽击杀沛公，可项羽没有一点儿反应。范增站起身来，跑到外面对项庄说："君王为人心慈，你入帐假装舞剑表演给他们看，乘机刺杀沛公。如果不这样的话，相信你我不久都要成为他的俘虏。"项庄听后进入帐中敬酒祝贺。祝酒完毕，说道："军中没有可以取乐的，就让我来舞剑给大家助兴吧。"于是拔剑起舞。项伯也起舞，总是用自己的身体保护沛公。樊哙听说此事开始着急，直接闯入帐中，十分愤怒的样子。

【原文】

羽壮之，赐以酒。哙因谯让①羽。有顷②，沛公起如厕③，招樊哙出，置④车官属，独骑，樊哙、靳彊、滕公、纪成步⑤，从间道⑥走军，使张良留谢羽。羽问："沛公安在？"曰："闻将军有意督过之，脱身去，间至军，故使臣献璧。"羽受之。又献玉斗范增。增怒，撞其斗，起曰："吾属今为沛公虏矣！"

【注释】

①谯让：责问。

②有顷：过了一会儿。

③如厕：上厕所。

④置：留下。

⑤滕公：夏侯婴。步：步行。

⑥间道：小路。

【译文】

项羽欣赏他的勇武，就赐酒给他。樊哙乘此情形责问项羽。过了一会儿，沛公起身假装去厕所，招樊哙出来，留下车马从属，自己骑马而去，让樊哙、靳彊、滕公、纪成步行抄小道回营，只留下张良来向项羽道歉。项羽问："沛公到哪里去了？"张良说："听说将军有意指责他，他已脱身而去，从小道回到军中了，走之前他让我献上玉璧。"项羽接受了。张良又将玉斗献给范增。范增大怒，摔碎玉斗，站起来说："我们都将成为沛公的俘虏！"

【原文】

汉王、羽相与临广武之间而语。羽欲与汉王独身挑战，汉王数[①]羽曰："吾始与羽俱受命怀王，曰先定关中者王之。羽负约，王我于蜀汉，罪一也。羽矫杀卿子冠军[②]，自尊，罪二也。羽当以救赵还报，而擅劫诸侯兵入关，罪三也。怀王约，入秦无暴掠，羽烧秦宫室，掘始皇帝冢[③]，收私其财，罪四也。又强杀秦降王子婴，罪五也。诈坑秦子弟新安[④]二十万，王其将，罪六也。皆王诸将善地，而徙逐故主，令臣下争畔逆，罪七也。出逐义帝彭城，自都之，夺韩王地，并王梁楚，多自与，罪八也。使人阴杀义帝江南，罪九也。夫为人臣而杀其主，杀其已降，为政不平，主约不信，天下所不容，大逆无道，罪十也。吾以义兵从诸侯诛残贼，使刑余罪人击公，何苦乃与公挑战！"羽大怒，伏弩射中汉王。汉王伤胸，乃扪[⑤]足曰："虏[⑥]中吾指！"汉王病创卧，张良强请汉王起行劳军，以安士卒，毋令楚乘胜。汉王出行军，疾甚，因驰入成皋。

【注释】

①数（shǔ）：指责。

②矫：假托。卿子冠军：指宋义。

③冢：坟墓。

④新安：县名，在今河南渑池东。

⑤扪：捂着。

⑥虏：这里是对敌人的蔑称。

【译文】

汉王、项羽分别站在广武涧两侧对话。项羽想与汉王单独交战，汉王责备项羽说："当初我与你同时受命于怀王，说定先入关中者称王关中。你违约，让我去蜀、汉为王，罪一。你假借王命杀死卿子冠军宋义，自立为上将军，罪二。你救赵后应当复命，却擅自胁迫诸侯带兵入关，罪三。怀王约定入关不得施暴掠抢，你烧秦宫室，掘始皇帝墓，私吞财物，罪四。又强行杀害秦降王子婴，罪五。在新安县欺诈坑杀秦降兵二十万，却又封其将为王，罪六。你把部将皆封在肥美之地，赶走原来的君王，让臣下争权叛主，罪七。从彭城赶走义帝，擅自以之为都城，夺韩王之地，兼并梁、楚，多留给自己，罪八。派人暗杀义帝于江南，罪九。为人臣而杀其君主，杀已降之人，执政不平，订约而不信守，天下所不容，大逆不道，罪十。我率正义之师跟诸侯一同诛杀凶残逆贼，让受过刑的罪人攻打你就行了，我没有必要再与你挑战！"项羽大怒，埋伏的弓箭手射中汉王。伤到了汉王的胸部，他却去摸脚说："奴虏射中了我的脚趾！"汉王受伤卧床，张良强行请求汉王起身去慰劳士兵，以安定军心，不让楚军趁机取胜。汉王出来巡行军中，但病得十分厉害，随即就奔到了成皋。

【原文】

十二月，围羽垓下[①]。羽夜闻汉军四面皆楚歌，知尽得楚地，羽与数百骑走，是以兵大败。灌婴追斩羽东城[②]。楚地悉定，独鲁[③]不下。汉王引天下兵欲屠之，为其守节礼义之国，乃持羽头示其父兄，鲁乃降。初，怀王封羽为鲁公，及死，鲁又为之坚守，故以鲁公葬羽于穀城。

【注释】

①垓（gāi）下：地名，在今安徽灵璧东南，沱河北岸。

②东城：县名，在今安徽定远东南。

③鲁：县名，今山东曲阜。

【译文】

高祖五年（公元前202年）十二月，项羽被围在垓下。他夜间听到汉军四面唱起楚歌，知道汉军已全部占领楚地，就和数百骑兵偷偷逃走，楚军大败。灌婴追击至东城，斩项羽。楚地总算完全平定，只有鲁地还没有攻下。汉王引天下兵马，打算屠鲁，但因为鲁是十分讲气节和礼义的国家，便拿项羽的头颅让父老兄弟看，鲁于是投降汉。当初，怀王封项羽为鲁公，等到他死后，鲁人还为他坚守封地，就以鲁公之礼葬项羽于穀城。

【原文】

汉王为发丧，哭临[①]而去。封项伯等四人为列侯，赐姓刘氏[②]。诸民略在楚者皆归之。汉王还至定陶，驰入齐王信壁，夺其军。初项羽所立临江王共敖前死，子尉嗣立为王，不降。遣卢绾、刘贾击虏尉。

【注释】

①临：吊丧。

②赐姓刘氏：古时帝王将己姓赐给臣下，视其为同族，以示宠信。刘邦也采用这种手段。

【译文】

汉王为他下葬哭丧，痛哭吊丧之后离去。汉王封项伯等四人为列侯，赐姓刘。各地百姓被掳掠到楚地的都纷纷返回自己的故乡。汉王回定陶，驰入齐王韩信军营，夺走他的军权。当初项羽所封立的临江王共敖已经死去，其子共尉嗣立为王，并没有降汉。汉王派遣卢绾、刘贾攻击并俘虏了共尉。

【原文】

帝置酒雒阳南宫。上曰："通侯[①]诸将毋敢隐朕，皆言其情。吾所以有天下者何？项氏之所以失天下者何？"高起[②]、王陵对曰："陛下嫚而侮人，项羽仁而敬人。然陛下使人攻城略地，所降下者，因以与之，与天下同利也。项羽妒贤嫉能，有功者害之，贤者疑之，战胜而不与人功，得地而不与人利，此其所以失天下也。"

【注释】

①通侯：彻侯，爵名，第二十级。

②高起：人名，一说"高起"二字为衍文。

【译文】

高皇帝设宴洛阳南宫。他说："诸位通侯和将领请不要对我有任何的隐瞒，希望你们都讲实情。我能够得到天下的原因为何？项羽失去天下的原因又为何？"高起、王陵回答道："陛下看似轻慢而对人不尊重，项羽看似仁爱而敬重人。然而陛下派人攻城略地，有所降服，便给予赏赐，与将士同享其利。项羽忌妒贤能，对有功的人加害，对贤能的人猜疑，打了胜仗的人不给他们记功，夺得地盘后也不给他们一定的赏赐，这就是他失去天下的原因啊。”

【原文】

上曰：“公知其一，未知其二。夫运筹帷幄之中①，决胜千里之外，吾不如子房②；填国家，抚百姓，给饷馈，不绝粮道，吾不如萧何；连百万之众，战必胜，攻必取，吾不如韩信。三者皆人杰，吾能用之，此吾所以取天下者也。项羽有一范增而不能用，此所以为我禽也。”群臣说服。

【注释】

扫码看视频

①运筹：出谋划策。帷幄：帐幕。

②子房：张良的字。

【译文】

皇上说：“你们只知道这些原因，却不知道另外的原因。在帐幕之中出谋划策，决胜千里之外，我不如张良；安定国家，安抚百姓，供给粮饷，保证粮道畅通，我不如萧何；统领百万大兵，战必胜，攻必取，我不如韩信。三人都是英雄豪杰，我能重用这些人才，这是我能够取得天下的原因啊。项羽有谋士范增却没有重用他，这也是他被我打败的原因。”各位大臣听后都觉得汉王说得有道理，不得不服。

名师点评

性格决定命运，善任关乎成败。项羽自私自恋，刚愎自用，施小仁而忘大义，故而败给了为人大度豁达，力求公平公正，重诚信，善用人，听得进劝谏的刘邦。此纪中项羽用人唯私，宠信族人项伯、项庄而疑外人范增，痛失鸿门宴上消灭敌对势力的大好时机；公器私用，膏腴之域给予亲近，功臣重将则封边荒贫瘠之地。而刘邦重用“汉初三杰”，充分发挥他们的聪明才智，用多谋善断的张良出谋，百战百胜的韩信带兵，执行力极强的萧何保后，他们共同为刘邦争霸倾尽其力，成就其业……刘邦的成功、项羽的失败，这正反两个方面的史实给我们以启迪。

延伸/阅读

邹忌讽齐王纳谏

战国时，齐国有一位名叫邹忌的大夫，身高八尺多，长得英俊潇洒。一日，他听说城北徐公是难得一见的美男子，便想与其比一比。他对着镜子端详一番，然后问妻子：“我和城北徐公相比，谁长得更英俊呢？”

“当然是您了，徐公怎能比得上您呢？”妻子说。

邹忌听了妻子的话，并不太相信自己真的比徐公英俊，于是又问他的爱妾，爱妾回答说：“您英俊极了，徐公怎能比得上您呢？”

第二天，邹忌家里来了一位客人，邹忌又问客人，客人说：“徐公哪有您俊美呀！”

几天后，正巧徐公到邹忌家中拜访，邹忌趁机仔细地打量徐公，结果发现自己确实没有徐公英俊。于是，他受到了启发，去求见齐威王，对他叙述了事情的经过，并对齐威王说：“我的妻子说我英俊，是因为偏爱我；爱妾说我英俊，是因为惧怕我；客人说我英俊，是因为有求于我。其实我深知自己没有徐公英俊。现在齐国方圆千里，城池众多，大王受人奉承极多，所受的蒙蔽一定更多。所以大王如能开诚布公地征求意见，一定对国家大有益处。”

齐威王听了，觉得很有道理，便下令：群臣对自己的过失提出意见，将会得到奖赏。命令下达后，群臣前去谏言，皇宫门口川流不息，门庭若市。

学海/拾贝

☆ 与父老约法三章耳：杀人者死，伤人及盗抵罪。余悉除去秦法。吏民皆按堵如故。凡吾所以来，为父兄除害，非有所侵暴，毋恐！

☆ 沛公居山东时，贪财好色，今闻其入关，珍物无所取，妇女无所幸，此其志不小。吾使人望其气，皆为龙，成五色，此天子气。急击之，勿失。

☆ 陛下嫚而侮人，项羽仁而敬人。然陛下使人攻城略地，所降下者，因以与之，与天下同利也。项羽妒贤嫉能，有功者害之，贤者疑之，战胜而不与人功，得地而不与人利，此其所以失天下也。

文帝纪

名师导读

汉文帝刘恒在位期间，励精图治，采取一系列利国利民的政策，汉朝进入强盛安定时期，开启“文景之治”的发端。生活中他非常简朴。在位二十三年，车骑服御之物都没有增添；屡次下诏禁止郡国贡献奇珍异宝；平时衣着朴素，甚至为自己预修的陵墓也从简。在中国历代帝王中，刘恒是一位一生都注重简朴，并因此为世人称道的皇帝。此外，刘恒的道德修养也很高，对待诸侯王，采取以德服人的态度，亦曾亲自为母亲薄氏尝药，深具孝心。

【原文】

孝文皇帝①，高祖中子也，母曰薄姬②。高祖十一年，诛陈豨，定代地，立为代王，都中都③。十七年④秋，高后崩，诸吕谋为乱，欲危刘氏。丞相陈平、太尉周勃、朱虚侯刘章等共诛之，谋立代王。

【注释】

①孝文皇帝：刘恒，刘邦之四子，薄姬所生，公元前 180—前 157 年在位。

②薄姬：吴人，刘邦妃，刘恒母。刘恒为帝以后，尊奉她为皇太后。

③中都：县名，在今山西平遥西。

④十七年：这里指代王十七年（汉代诸侯王国自有纪年）。

【译文】

孝文皇帝，高祖排行居中的儿子，母亲是薄姬。高祖十一年，诛陈豨，平定代地，被立为代王，建都中都。他做代王的第十七年秋天，高后去世了，以吕产为首的吕氏家族企图发动政变，夺取刘氏天下。丞相陈平、太尉周勃、朱虚侯刘章等共同联合诛杀吕氏，商议迎立代王为帝。

【原文】

大臣遂使人迎代王。郎中令[①]张武等议，皆曰："汉大臣皆故高帝时将，习兵事，多谋诈，其属意[②]非止此也，特畏高帝、吕太后威耳。今已诛诸吕，新喋血京师[③]，以迎大王为名，实不可信。愿称疾无往，以观其变。"中尉[④]宋昌进曰："群臣之议皆非也。夫秦失其政，豪杰并起，人人自以为得之者以万数，然卒践天子位者，刘氏也，天下绝望，一矣。高帝王子弟，地犬牙相制，所谓盘石之宗也，天下服其强，二矣。汉兴，除秦烦苛，约法令，施德惠，人人自安，难动摇，三矣。夫以吕太后之严，立诸吕为三王，擅权专制，然而太尉以一节入北军，一呼士皆袒左，为刘氏，畔诸吕，卒以灭之。此乃天授，非人力也。今大臣虽欲为变，百姓弗为使，其党宁能专一邪？内有朱虚、东牟之亲[⑤]，外畏吴、楚、淮南、琅邪、齐、代[⑥]之强。方今高帝子独淮南王与大王，大王又长，贤圣仁孝闻于天下，故大臣因天下之心而欲迎立大王，大王勿疑也。"

【注释】

①郎中令：官名。这里指代王的郎中令。

②属（zhǔ）意：专注。

③喋血京师：指诛除诸吕事件。

④中尉：官名，掌管都城治安。这里指代国的中尉。

⑤朱虚：朱虚侯刘章。东牟：东牟侯刘兴居。

⑥吴、楚、淮南、琅邪、齐、代：指吴王刘濞、楚王刘交、淮南王刘长、琅邪王刘泽、齐王刘襄、代王刘恒。

【译文】

大臣立即派人去迎接代王。郎中令张武等人商议，都说："朝廷大臣都是高祖时的大将，善于用兵，惯使诈谋，其实他们并不是做了大臣就可以满足，只不过是害怕高祖和吕太后的威势罢了。如今他们刚刚消灭诸吕，喋血京城，口头上说迎接大王，其实不能够轻易相信。希望大王托病不去，以观察事态的变化。"中尉宋昌进言说："众多大臣的建议都是错误的。秦末朝政腐败，各国诸侯和各地英雄豪杰同时起事，当时自以为能得天下的人数以万计，然而最终登上天子宝座的，只有刘氏，天下豪杰断绝了做皇帝的念头，这是其一。高祖封刘氏子弟为王，封地犬牙交错、互相牵制，这便是人们所说的坚如磐石的宗族，天下都已信服刘氏势力的强大，这是其二。汉朝建立，废除了秦朝的苛政，制定了新的法令，对人民施行恩德，老百姓个个安分守己，人心难以动摇，这是其三。再说以吕太后的威势，在诸吕中立了三个王，把持政权，独断专行，然而周太尉仅凭一支符节便进入北军，一声召唤，将士们便都袒露左臂，表示愿意效忠刘氏而背弃诸吕，终将吕氏消灭。这完全是天意所授，不是人力所能做到的。现在，即使大臣们想从中作乱，老百姓也不会为他们所利用，他们的党羽又怎么可能统一号令呢？京城内有朱虚侯、东牟侯这些亲族，京城外畏惧吴、楚、淮南、琅琊、齐、代等几个诸侯王国的强盛。现在，高祖的儿子只有淮南王与大王，大王居长，贤德圣明，仁爱孝顺，天下闻名，因此朝廷大臣都要顺应天下人心来迎立大王为帝，请大王不要有任何疑惑和顾虑。”

【原文】

昌至渭桥①，丞相已下皆迎。昌还报，代王乃进至渭桥。群臣拜谒称臣，代王下拜。太尉勃进曰：“愿请间②。”宋昌曰：“所言公，公言之；所言私，王者无私。”太尉勃乃跪上天子玺。代王谢③曰：“至邸④而议之。”

【注释】

①渭桥：指中渭桥，在今陕西咸阳东。

②请间：要求屏退随从，以便谈话。

③谢：辞谢。

④邸：指代邸，即代王在京师的官邸。

【译文】

宋昌来到渭桥，丞相以下的官员纷纷上前迎接。宋昌回来报告后，代王才来到渭桥。群臣拜见代王，向代王称臣，代王下车向群臣答礼。太尉周勃上前说：“我请求单独向大王进言。”宋昌说：“如果和大王要谈的是公事，那就可以公开说；如果和大王要谈的是私事，那么做大王的人是不可能接受私情的。”周勃便跪着献上皇帝的玉玺。代王辞谢说：“到代邸再商议这件事吧。”

【原文】

十一月癸卯晦①，日有食之。诏曰：“朕闻之，天生民，为之置君以养治之。人主不德，布政不均，则天示之灾以戒不治。乃十一月晦，日有食之，适见于天，灾孰大焉②！朕获保宗庙，以微眇之身托于士民君王之上，天下治乱，在予一人，唯二三执政犹吾股肱也。朕下不能治育群生，上以累三光③之明，其不德大矣。令至，其悉思朕之过失，及知见之所不及，匄④以启告朕。及举贤良方正能直言极谏者，以匡朕之不逮⑤。因各敕以职任，务省繇费以便民。朕既不能远德，故憪然⑥念外人之有非，是以设备未息。今纵不能罢边屯戍，又饬兵厚卫，其罢卫将军军。太仆见马遗⑦财足，余皆以给传置⑧。”

【注释】

①晦：阴历每月的最后一天。

②灾孰大焉：灾祸莫大于此。

③三光：指日、月、星辰。

④匄（gài）：乞求。

⑤不逮：考虑不周。

⑥憪（xiàn）然：不安的样子。

⑦遗：保留。

⑧传置：驿站。

扫码看视频

【译文】

文帝二年（公元前178年）十一月三十日，日食。文帝下诏说：“我听说上天生下万民，为他们设置君主抚养治理他们。如果君主不贤明，施行政令不公平，那么上天就会显示灾象警告他治理不当。而十一月三十日发生日食，这是上天问责的征兆，显示朕的过失有很多啊！朕能继承祖业，凭个人的渺小力量，依托在万民和诸侯之上，天下的治与乱，责任全在我一个人身上，只有两三个执政大臣好比是我的左右手。我下不能治理和抚育好众生，上有损于日、月、星辰的光明，我的失德真是太严重了。各地接到我的诏令后，大家都想想我的过失，以及我所知、所见、所思的不足之处，祈求不吝告诉我。并推荐贤良方正、能直言进谏的人，来补正我的不足。也希望各级官吏认真做好本职工作，尽量减少徭役和开支费用，以便利民众。我不能以恩德感化远方，又总是担心外族有侵略的企图，因而使得边防战备未能停止。现在既然不能撤除边防驻军，又怎能饬令军队加强京城的防备来保卫我呢？现在决定撤销卫将军统辖的部队。太仆所管的现有马匹，只保留够用的数目就行了，其余的一律交给驿站使用。”

【原文】

五月，诏曰：“古之治天下，朝有进善之旌，诽谤之木①，所以通治道而来谏者也。今法有诽谤訞言之罪，是使众臣不敢尽情，而上无由闻过失也。将何以来远方之贤良？其除之。民或祝诅上②，以相约而后相谩③，吏以为大逆，其有他言，吏又以为诽谤。此细民④之愚无知抵⑤死，朕甚不取。自今以来，有犯此者勿听治。”

【注释】

①进善之旌，诽谤之木：相传唐尧之时在交通要道设立旌旗和木牌，让人们在旌旗下提意见，在木牌上写谏言。

②祝诅：祈神加害于人。上：指皇帝。

③相谩：互相欺骗。

④细民：犹小民，普通老百姓。

⑤抵：至。

扫码看视频

【译文】

五月，文帝下诏说："古代圣明的君主治理天下，朝廷专门设有进言献策的旌旗和批评朝政的谤木，这是用来疏通治理之道的渠道，可以招来进谏的臣民。现在的法律规定批评朝政和传播谣言的人要治罪，这样一来群臣没有一个敢畅所欲言，做皇帝的也无法得知自己的过失。这怎么能招远方的贤能之士到朝廷来呢？现在应该废除这些不合理的法令。百姓中有人背后诅咒皇帝，相约互相隐瞒，后来又互相告发，官吏就认为这大逆不道，如果再说些不服的话，官吏又认为是诽谤朝廷。其实，这不过是由于小民们愚昧无知，以至于犯下死罪，我觉得这样是不可取的。从今以后，凡是触犯了这条法令的，一律不加处理。"

【原文】

九月，初与郡守为铜虎符、竹使符[①]。

诏曰："农，天下之大本也，民所恃以生也，而民或不务本而事末[②]，故生不遂[③]。朕忧其然，故今兹[④]亲率群臣农以劝之。其赐天下民今年田租之半。"

【注释】

①初：文帝以前已有铜虎符，而文帝始与郡守，故曰"初"。铜虎符：以铜制的虎符，分为两半，右半留京师，左半给郡守，调发军队时，持符验合，才能生效。竹使符：以竹制的符。

②本：指农业。末：指商业。

③生不遂：生计困难。

④今兹：现在。

【译文】

九月，文帝首次将铜制虎符和竹制使符发给各郡郡守。

文帝下诏说："农业，是天下的根本，是百姓依赖生存的基础，有的人不专心务农而去经商，因此生计困难。朕忧虑这种情况，所以今天率领群臣去耕田以鼓励农业。免天下百姓今年一半的田租。"

【原文】

三年冬十月丁酉晦，日有食之①。十一月丁卯晦，日有蚀之②。

诏曰："前日诏遣列侯之国，辞未行。丞相朕之所重，其为朕率列侯之国。"遂免丞相勃，遣就国。十二月，太尉颍阴侯灌婴为丞相。罢③太尉官，属丞相④。

【注释】

①日有食之：日全食。

②日有蚀之：日偏食。

③罢：这里解作撤销。

④属丞相：指丞相兼管太尉的事。

【译文】

文帝三年（公元前 177 年）冬十月三十日，日全食。十一月三十日，日偏食。文帝下诏说："先前曾下诏命令列侯回各自的封国，有的人还推托着没有走。丞相是我尊崇的大臣，就请替我率领列侯回到封国去吧。"于是免去绛侯周勃丞相之职，遣他回到封国。十二月，文帝任命太尉颍阴侯灌婴为丞相。废除了太尉这一官职，太尉的事务归丞相处理。

【原文】

济北王兴居闻帝之代，欲自击匈奴，乃反，发兵欲袭荥阳。于是诏罢丞相兵，以棘蒲侯柴武为大将军，将四将军十万众击之。祁侯缯贺为将军，军荥阳。秋七月，上自太原至长安。诏曰："济北王背德反上，诖误吏民，为大逆。济北吏民，兵未至先自定及以军、城邑降者，皆赦之，复官爵。与王兴居去来者[①]，亦赦之。"八月，虏济北王兴居，自杀。赦诸与兴居反者。

四年冬十二月，丞相灌婴薨[②]。

【注释】

①与王兴居：指与北王兴居共同反叛。去来：叛而来降。

②薨（hōng）：古代称诸侯或有爵位的大官死去。

【译文】

济北王刘兴居听说文帝前往代地，准备自此去反击匈奴，于是乘这个良机叛乱，调动军队打算袭击荥阳。文帝便下诏撤退丞相灌婴的部队，派棘蒲侯柴武为大将军，率领四将军十万人马前去平叛。又任命祁侯缯贺为将军，驻守荥阳。秋七月，文帝从太原返回长安。他下诏书说："济北王违背道德，反叛皇帝，连累他的属官和百姓，为罪魁祸首。凡在朝廷平叛大军来到以前就反正的，以及率部投诚或献出城邑归降的，一律加以赦免，恢复他们原来所拥有的官职和爵位。与济北王刘兴居有往来的人，也予以赦免。"八月，俘虏了济北王刘兴居，刘兴居自杀。文帝赦免了跟随济北王叛乱的官吏与百姓。

四年冬十二月，丞相灌婴去世。

名师点评

汉文帝是一位聪明的封建统治者。对己，公正无私，能正确地认识自己，不断地反省自己。因此提倡广开言路，言者无罪，借此来修正自己错误的言行和法令、政策。对国，文帝深知在以农业立国的汉王朝，“民以食为天”的重要性。因此，劝课农桑、减省租赋是他执政的重点之一。

一个封建王朝的最高统治者，能够以“修身、齐家、治国、平天下”为己任，并且做得很好，实属不易。

延伸/阅读

文景之治

文景之治是西汉文帝、景帝两代40年左右的时间政治稳定、经济生产得到显著发展的盛世。

汉文帝刘恒是刘邦的第四子，母为薄姬。高帝十一年（公元前196年）受封为代王。公元前180年吕后死，诸吕作乱，丞相陈平、太尉周勃与朱虚侯刘章等宗室大臣共诛诸吕，迎立刘恒为帝，在位23年。汉景帝刘启是文帝太子，母为窦皇后。公元前157年即位，在位16年。

西汉王朝建立后，汉高祖、惠帝、吕后都着力于农业生产，稳定封建统治秩序，收到了显著的成效。文景两帝相继即位后，又在此基础上进一步采取了轻徭薄赋、与民休息的措施。这便是历史上的“文景之治”。

汉文帝十分重视农业生产，他即位后多次下诏劝课农桑，按户口比例设置三老、孝悌、力田若干员，经常给予他们赏赐，以鼓励农民发展生产。同时还注意减轻人民负担，文帝前二年（公元前178年）和前十二年，曾两次“除田租税之半”，即租率减为三十税一，前十三年还免去全部田租。之后，三十税一遂成为汉代定制。文帝时，算赋也由每人每年120钱减至每人每年40钱，徭役则减至每三年服役一次。景帝二年（公元前155年），又把秦时17岁傅籍给公家徭役的制度改为20岁始傅，而著于汉律的傅籍年龄则为23岁。此外，文帝还下诏“弛山泽之禁”，即开放原来归国家所有的山林川泽，从而促进了农民的副业生产和与国计民生有重大关系的盐铁生产事业的发展。文帝前十二年还废除了过关用传的制度，这有利于商品流通和各地区间的经济联系，对于农业生产的发展也有一定的促进作用。

汉文帝对秦代以来的刑法也做出重大改革。文帝诏令重新制定法律，根据犯罪情节轻重，规定服刑期限；罪人服刑期满，免为庶人；明令废止“收孥相坐律令”；下诏废除黥、劓、刖，改用笞刑代替。景文帝又减轻了笞刑。这些改革有着重要的意义，但后两项在当时和以后并没有认真执行。文帝时许多官吏断狱从轻，持政务在宽厚，不事苛求。因此狱事简省，人民所受的压迫比秦时有显著的减轻。

文景两代对周边少数民族也不轻易动兵，尽力维持相安的关系。吕后时，南越王赵佗自立为帝，役属闽越、西瓯、骆，又乘黄屋左纛，与汉王朝分庭抗礼。文帝即位后，为赵佗修葺祖坟，尊宠赵氏昆弟，并派陆贾再度出使南越，赐书赵佗，于是赵佗去黄屋左纛，归附汉王朝。文帝后二年（公元前162年），又与匈奴定和亲之约，此后匈奴虽背约屡犯边境，但文帝只是诏令边郡严加备守，并不兴兵出击，以免烦扰百姓。

文景之治之所以成为封建社会的盛世，与文帝个人励精图治是分不开的。他即位不久，就废止诽谤妖言之罪，使臣下能大胆地提出不同的意见。秦代以来有所谓秘祝之官，凡有灾祥就移过于臣下。文帝前十三年下诏废除此官职并且声明：百官的错误和罪过，皇帝要负责。次年，他又禁止祠官为他祝福。文帝自奉也相当节俭，他在位23年，宫室苑囿、车骑服御之物都没有增添。他屡次下诏禁止郡国贡献奇珍异物。他所宠爱的慎夫人衣不曳地，帷帐不施文绣。文帝曾想建造一座露台，听说要花费百金，等于中人十家之产，于是作罢。因为文帝提倡俭约，所以当时的国家财政开支有所节制和缩减，贵族官僚也不敢滥事搜括，奢侈无度，从而减轻了人民的负担，这是“休养生息”政策的重要内容之一。文景两代采取的上述一系列措施，使当时社会经济获得显著的发展，封建统治秩序也日臻巩固。西汉初年，大侯封国不过万家，小的五六百户；到了文景之世，流民还归田园，户口迅速繁息。据《汉书·食货志》记载，汉初至武帝即位的70年间，由于国内政治安定，只要不遇水旱之灾，百姓总是人给家足，郡国的仓廪堆满了粮食。大仓里的粮食由于陈陈相因，致腐烂而不可食，京师的钱财有千百万，连串钱的绳子都朽断了。这是对文景之治十分形象的描述。

学海/拾贝

☆ 所言公，公言之；所言私，王者无私。

☆ 朕闻之，天生民，为之置君以养治之。人主不德，布政不均，则天示之灾以戒不治。

☆ 朕获保宗庙，以微眇之身托于士民君王之上，天下治乱，在予一人，唯二三执政犹吾股肱也。朕下不能治育群生，上以累三光之明，其不德大矣。

☆ 令至，其悉思朕之过失，及知见之所不及，匄以启告朕。及举贤良方正能直言极谏者，以匡朕之不逮。因各敕以职任，务省繇费以便民。

☆ 古之治天下，朝有进善之旌，诽谤之木，所以通治道而来谏者也。今法有诽谤訞言之罪，是使众臣不敢尽情，而上无由闻过失也。将何以来远方之贤良？其除之。

☆ 农，天下之大本也，民所恃以生也，而民或不务本而事末，故生不遂。

武帝纪

名师导读

汉武帝刘彻在位期间，加强皇权，颁行推恩令，制定左官律，削夺诸侯王的权力，还以策问等方式选拔人才，使董仲舒、公孙弘等一批贤才得以进入朝廷，对汉朝的发展产生了积极的影响。武帝对国家的文化意识形态也很重视，他采纳董仲舒的建议，罢黜百家，独尊儒术，使国家文化繁盛，同时也奠定了儒家思想在我国封建社会的正统地位。对外方面，武帝多次派军征伐匈奴，迫其远徙漠北；设置郡县，实现了空前的大一统局面，大大扩展了中国的版图。汉武帝是中国历史上的杰出人物，其文治武功，彪炳史册，永不磨灭。

【原文】

孝武皇帝①，景帝中子也，母曰王美人②。年四岁立为胶东王。七岁为皇太子，母为皇后。十六岁，后三年正月，景帝崩。甲子，太子即皇帝位，尊皇太后窦氏③曰太皇太后，皇后曰皇太后。三月，封皇太后同母弟田蚡、胜皆为列侯。

【注释】

①孝武皇帝：刘彻，景帝之子，王氏所生，公元前140年至公元前87年在位。

②王美人：汉武帝刘彻之母。王氏之母臧儿，初为王仲妻，生男信及两女（王氏及其妹），后改嫁田氏，生男蚡、胜。

③窦氏：汉武帝刘彻的祖母，好黄老之言。

【译文】

孝武皇帝刘彻在景帝诸子中排行居中，母亲是王美人。四岁时被立为胶东王。七岁时被立为皇太子，母亲被封为皇后。十六岁时，正值景帝后元三年正月，景帝驾崩。甲子日，太子即皇帝位，推尊皇太后窦氏为太皇太后，皇后为皇太后。三月，封皇太后的同母弟田蚡、田胜为列侯。

【原文】

夏六月，诏曰："盖闻导民以礼，风①之以乐，今礼坏乐崩，朕甚闵②焉。故详延天下方闻之士③，咸荐诸朝。其令礼官劝学，讲议洽闻④，举遗兴礼，以为天下先。太常⑤其议予博士弟子，崇乡党之化，以厉⑥贤材焉。"丞相弘⑦请为博士置弟子员，学者益广。

秋，匈奴入代，杀都尉。

【注释】

①风：教化。

②闵：同"悯"，怜恤，哀伤。

③方闻之士：方正博闻之士。

④洽闻：多闻博识。

⑤太常：官名，掌宗庙礼仪，九卿之一。

⑥厉：同"砺"。

⑦弘：指公孙弘。

【译文】

元朔五年（公元前 124 年）夏六月，武帝下诏说："听说前人用礼指导百姓，用音乐进行劝喻，今天礼乐制度已崩坏，朕很忧虑。因此你们要把天下博闻有识之士全部请来，都举荐给朝廷。应让礼官劝进学业，讲论见闻，推举遗逸之民倡兴礼学，作为天下的表率。太常应商讨将学礼的有道之士置为博士弟子，推崇乡里教化，以便培养贤能人才。"丞相公孙弘请求为博士设立弟子，学礼乐的人也越来越多了。

秋天，匈奴侵入代郡，杀死都尉。

【原文】

六年春二月，大将军卫青将六将军兵十余万骑出定襄，斩首三千余级。还，休士马①于定襄、云中、雁门。赦天下。

夏四月，卫青复将六将军绝幕②，大克获③。前将军赵信军败，降匈奴。右将军苏建亡军，独身脱还，赎为庶人④。

【注释】

①休士马：休整兵马。

②绝幕：穿过沙漠。幕，通"漠"。

③克获：战胜并有所掳获。

④赎为庶人：赎罪而贬为平民百姓。

【译文】

六年春二月，大将军卫青率领六将军十万余骑兵从定襄郡出兵，斩首三千余人。回师，在定襄、云中、雁门休整兵马。大赦天下。

夏四月，卫青又率领六将军直达大沙漠南界，大获全胜。前将军赵信军败，投降匈奴，右将军苏建损失全军，只身逃回，有罪而赎为平民。

【原文】

六月，诏曰："朕闻五帝不相复礼，三代①不同法，所繇②殊路而建德一也。盖孔子对定公以徕远③，哀公以论臣④，景公以节用⑤，非期不同，所急异务也。今中国一统而北边未安，朕甚悼之。日者⑥大将军巡朔方，征匈奴，斩首虏万八千级，诸禁锢及有过者，咸蒙厚赏，得免减罪。今大将军仍⑦复克获，斩首虏万九千级，受爵赏而欲移卖者，无所流貤⑧。其议为令。"有司奏请置武功赏官，以宠战士。

【注释】

①三代：中国历史上夏、商、周三个朝代的合称。

②繇：通"由"。

③徕（lái）远：悦近徕远。《论语》和《韩非子》皆言叶公问政于孔子，孔子答以"悦近徕远"。此言定公，与二书不同。徕，通"来"，归服。

④论臣：论选贤臣。

⑤节用：节约费用。

⑥日者：近日。

⑦仍：频。

⑧流貤（yí）：转移，转赠。"貤"通"移"。

【译文】

六月，武帝下诏说："朕听说五帝实行的礼制不相重复，夏、商、周三代的治国之法也各不相同，所走的道路不同而建立的功德伟业是一样的。昔日孔子对鲁定公答以'悦近徕远'，对鲁哀公答以'政在选贤'，对齐景公答以'节省资财'，这不是所希望的效果不同，而是具体急于解决的问题不同。如今中国已经大一统而北方边境还未安定，朕甚感伤痛。不久前大将军巡行朔方，征伐匈奴。斩首俘虏共计有一万八千多人，各类受到限制不可以做官及有过错的人，都蒙受丰厚的赏赐，得到减免罪过的优厚待遇。今大将军频获大捷，斩首俘获一万九千多人，受到爵位奖赏而又想转卖的人，却没有转卖的办法。可据此制定法令。”朝廷执事官员请求设置武功赏爵，以爱护战士。

【原文】

二年冬十月，行幸雍，祠五畤[①]。

春三月戊寅，丞相弘薨。

遣骠骑将军霍去病出陇西[②]，至皋兰[③]，斩首八千余级。

【注释】

①五畤：在今陕西省凤翔县。秦汉时祭祀天帝的处所。

②霍去病：西汉汉武帝时对抗匈奴的名将。陇西：郡名，治狄道（今甘肃临洮）。

③皋兰：山名，在今甘肃兰州。有考证，霍去病没有到过此地，皋兰山应另有所指。

【译文】

元狩二年（公元前121年）冬十月，武帝驾临至雍县，祭祀天帝。

春三月初八日，丞相公孙弘去世。

派遣骠骑将军霍去病从陇西出发，到达皋兰，杀敌八千余人。

【原文】

去病与左贤王[①]战，斩获首虏七万余级，封狼居胥山乃还[②]。两军士死者数万人。前将军广、后将军食其皆后期[③]。广自杀，食其赎死。

【注释】

①左贤王：匈奴贵族的高级封号。

②封：登山祭天，筑土为封，并刻石纪事。狼居胥山：山名，今蒙古国乌兰巴托东侧的肯特山。

③广：李广，西汉时期名将。后将军："右将军"之误。食其：赵食其，西汉武帝年间将领。

【译文】

霍去病与匈奴左贤王交战，斩敌首七万余级，在狼居胥山刻石纪功而回。两军战死者数万人。前将军李广、后将军食其都未能按期到达阵地，李广自杀，食其赎免死罪。

【原文】

五年春三月甲午，丞相李蔡有罪①，自杀。

天下马少，平牡②马匹二十万。

【注释】

①李蔡：李广之从弟。有罪：指坐侵陵壖地。

②牡：雄性的鸟兽类。与"牝（pìn）"相对。

【译文】

五年春三月十一，丞相李蔡有罪，自杀。

天下马少，平抑公马价格为每匹二十万钱。

【原文】

罢半两钱，行五铢钱[1]。

徙天下奸猾吏民于边[2]。

【注释】

①五铢钱：钱币名。钱重五铢，上有“五铢”二篆字，故名。

②徙：迁移。吏民：官吏与庶民。

【译文】

废半两钱，发行五铢钱。

迁徙天下奸猾吏民到边疆居住。

【原文】

六月，诏曰：“日者有司以币[1]轻多奸，农伤而末众[2]，又禁兼并之涂，故改币以约[3]之。

【注释】

①币：钱。

②末：指工商业者。古代称农为本，反本为末，即工商业。

③约：制约。

【译文】

元狩六年（公元前117年）六月，武帝下诏说：“前时专管官员认为钱币贱而物价贵，给奸邪以可乘之机，弃农而从商者多，又为了抑制贫富悬殊，所以改革币制以制约奸邪与兼并的情况。

【原文】

“稽[①]诸往古，制宜于今。废期有月[②]，而山泽之民未谕。夫仁行而从善，义立则俗易，意奉宪者所以导之未明与？将百姓所安殊路，而挢虔吏因乘势以侵蒸庶邪[③]？何纷然其扰也！

【注释】

扫码看视频

①稽：考核。

②废期有月：指自去年三月改币至今，已一年有余。

③挢（jiǎo）：诈称，假托。虔：顽固。蒸庶：百姓。

【译文】

“这是汲取历史经验所制定的适合于当前的货币政策。而废半两钱的禁期已一年有余，偏远地区百姓却仍不明告示之意。施行仁政百姓就可以从善，确立正义百姓就可以改变风俗，而当前币制受阻，是地方官吏的宣传引导不够明确，还是百姓的理解不同，让那些假托上命的奸邪之辈得以乘机侵犯百姓利益？为何如此纷纷扰扰！

【原文】

“今遣博士大等六人分循行天下[①]，存问鳏寡废疾，无以自振业者贷与之。谕三老孝弟以为民师，举独行之君子，征诣行在所[②]。

“朕嘉贤者，乐知其人。广宣厥[③]道，士有特招[④]，使者之任也。

【注释】

①大：人名。指褚大，一作褚泰。六人：除褚大外，还有徐偃，其余四

人无考。

②行在所：天子巡行停留之处。

③阙：其。

④特招：有特殊才行而应当特征之士。

【译文】

“现派遣博士褚大等六人分别循行天下，访问鳏寡废疾，对无法自谋职业的给以赈贷。诏谕三老、孝悌为民之师，推举品行高洁的君子，应征到朕所在之处。

“朕尊重贤者，乐于知道他们的情况。要广宣一条原则，即对于有殊才异行之士可以特招，这是循行使者的责任。

【原文】

“详问隐处亡位，及冤失职、奸猾为害、野荒治苛[①]者，举奏。郡国有所以为便者，上[②]丞相、御史以闻。”

秋九月，大司马骠骑将军去病薨。

【注释】

①野荒：田亩荒芜。治苛：为政苛细。

②上：上报，报告。

【译文】

“要详细查问被埋没而未被任用、蒙冤屈而失去正常职业的人，对于奸猾为害、田野荒芜与苛政害民的人与事，要举奏朝廷。郡国认为可以方便于民的一些意见，要报告丞相、御史让他们知道。”

秋九月，大司马骠骑将军霍去病去世。

【原文】

元鼎元年[①]夏五月，赦天下，大酺[②]五日。

得鼎汾水[③]上。

【注释】

①元鼎元年：公元前116年。

②酺（pú）：聚饮。特指命令所许可的大聚饮。

③汾水：今山西境内之汾水。

【译文】

元鼎元年（公元前116年）夏天的五月，大赦天下，允许百姓大宴五日。

得鼎于汾水之上。

【原文】

济东王彭离有罪[①]，废徙上庸[②]。

二年冬十一月，御史大夫张汤有罪[③]，自杀。十二月，丞相青翟[④]下狱死。

春，起柏梁台[⑤]。

【注释】

①有罪：罪名为杀人。

②上庸：县名，在今湖北竹山西南。

③有罪：罪名为心怀险诈，当面欺君。

④青翟：庄青翟，汉代大臣。因与张汤互相构陷入狱，服毒自尽。

⑤柏梁台：以香柏为梁柱的台。

【译文】

济东王刘彭离有罪，废除王号迁徙至上庸旧邑。

二年冬十一月，御史大夫张汤有罪，自杀。十二月，丞相庄青翟被关进监狱，死亡。

春，建造柏梁台。

【原文】

三月，大雨雪。夏，大水，关东饿死者以千数。

秋九月，诏曰："仁不异远①，义不辞难②。今京师虽未为丰年，山林池泽之饶③与民共之。今水潦④移于江南，迫隆冬至，朕惧其饥寒不活。江南之地，火耕水耨⑤，方下巴蜀之粟致之江陵⑥，遣博士中等分循行，谕告所抵⑦，无令重困。吏民有振救饥民免其厄者，具举⑧以闻。"

【注释】

扫码看视频

①仁不异远：仁爱远近如一。

②义不辞难：正义不怕艰难。

③山林池泽之饶：山林、池泽的财富资源。

④水潦：大水之灾。

⑤火耕水耨（nòu）：古时的一种耕种法。先烧草，然后下水种稻，草与稻并生，都割去，复下水灌之，草死，稻独长。

⑥江陵：县名，今湖北江陵。

⑦谕告：上级给下级的通告或命令。所抵：所到之处。

⑧具举：将具体情况上报。

【译文】

三月，下大雨夹杂大雪。夏，发生大水灾，潼关以东地区饿死的人以千计算。

秋九月，武帝下诏说："仁爱没有远近之分，正义也不怕艰难。今年京师虽然没有获得丰收，但山林池泽的财富将与百姓共享。现在水灾已经向江南移动，寒冬就要来临，朕害怕百姓饥寒交加，将没有办法存活下去。江南地区，烧草灌水种田，刚刚从巴蜀运粟到江陵，派遣博士中等人分路前往巡视，告知灾民蜀粮已到，不许加重百姓负担使之困苦。官吏和百姓有能救济饥民使其摆脱饥饿困境的人，全都上报朝廷。"

【原文】

三年冬，徙函谷关[①]于新安。以故关为弘农县[②]。

【注释】

①函谷关：原在今河南灵宝东北，今东徙于新安（今河南新安东）。

②弘农县：治所在今河南灵宝北。

【译文】

三年冬，迁函谷关于新安，原关址为弘农县。

【原文】

十一月，令民告缗者以其半与之[①]。

【注释】

①令民告缗者以其半与之：对于算缗钱，隐匿不报或自报不实者，令民揭发之，以被告之财半数奖赏。

【译文】

十一月，下令凡揭发偷漏赋税的人以其应缴的一半进行奖赏。

【原文】

正月戊子，阳陵①园火。

夏四月，雨雹，关东郡国十余②饥，人相食。

【注释】

①阳陵：又称汉阳陵，是汉景帝刘启及其皇后王氏同茔异穴的合葬陵园。

②郡国十余：十几个郡、国。

【译文】

正月戊子，景帝陵园失火。

夏季四月的时候，雨水、冰雹从天而降，关东地区十几个郡国都发生了饥荒，出现了可怕的人吃人现象。

【原文】

夏四月癸卯，上还，登封泰山①，降坐明堂②。诏曰："朕以眇身承至尊，兢兢焉惟德菲薄，不明于礼乐，故用事八神③。遭天地况施④，着见景象，屑⑤然如有闻。震于怪物，欲止不敢，遂登封泰山，至于梁父⑥，然后升禫肃然⑦。自新，嘉与士大夫更始，其以十月为元封元年。行所巡至，博、奉高、蛇丘、历城、梁父⑧，民田租逋赋⑨贷，已除。加年七十以上孤寡帛⑩，人二匹。四县无出今年算⑪。赐天下民爵一级，女子百户牛酒。"

【注释】

①封：古时帝王到泰山筑坛祭天，曰"封"。泰山：在今山东泰安。

②明堂：古时天子宣明政教之处，凡朝会、祭祀、庆赏等大典，均于此举行。

③八神：八方之神。

④况施：赐予瑞应。

⑤屑（xiè）：象声词。

⑥梁父：县名，在今山东新泰，县境内有梁父山。

⑦肃然：山名，在梁父县境。

⑧博：博县，在今山东泰安东南。奉高：县名，在今山东泰安东。蛇丘：县名，在今山东泰安西南。历城：县名，在今山东历城西。

⑨逋（bū）赋：欠赋，未出赋。

⑩帛：丝织物的总称。

⑪四县：指博、蛇丘、历城、梁父四县。算：算赋。

【译文】

元封元年（公元前110年）夏四月癸卯，武帝归来，上山祭祀泰山，下山坐于明堂朝见大臣。下诏说："朕以渺小之身承至尊之位，深惧德行菲薄，不明于礼乐，所以祭祀八方的天神地祇。幸遇天地的赐予，在嵩山见到奇异景象，隐约间闻呼'万岁'之声。受到这种异象的震动，不敢中止自己的祭祀活动，于是登封五岳之首泰山，又祭梁父山，然后筑坛于肃然山。朕将从此励志自新，与士大夫一同去旧更新。可以十月为元封元年。凡所行经之地，如博、奉高、蛇丘、历城、梁父等，人民所欠的租赋，一律豁免。赏赐年七十岁以上的孤寡老人布帛，每人二匹。四县不出今年的人丁税。赐天下民爵一级，女子每百户牛、酒若干。"

【原文】

二年冬十月，行幸雍，祠五畤。

春，幸缑氏，遂至东莱①。

夏四月，还祠泰山。至瓠子②，临决河，命从臣将军以下皆负薪塞河堤，作瓠子之歌。赦所过徒，赐孤独高年米，人四石。还，作甘泉通天台、长安飞廉馆。

【注释】

①东莱：郡名，治掖县（今山东莱州）。

②瓠子：地名，今河南濮阳。

【译文】

二年冬十月，武帝驾临雍县，祭祀五帝。

春天，驾临缑氏县，又到东莱。

夏四月，武帝返回祭祀泰山。到瓠子时，正遇黄河决口，武帝命令随从大臣及将军以下的人都背柴填塞河堤，并作《瓠子之歌》。又赦免经过之地的罪犯，赐孤独年高者米，每人四石。返回之后，在甘泉宫建造了通天台，在长安建造了飞廉馆。

名师点评

汉武帝的雄才大略、文治武功使汉朝在当时极为强大。在思想上他“罢黜百家，独尊儒术”。在治理“国中国”（封建的诸侯国）时，一是颁布“推恩令”分化强大的诸侯国；二是将全国分为十三个监察区，中央设司隶校尉，其余十二处设刺史；三是推行一系列强硬的国营化经济改革。在文化教育上开创了中央太学、地方乡学的模式。在军事上平叛，反侵略，建立了空前强大的大汉帝国。在用人上抛弃“任人唯亲”和“论资排辈”，主张唯才是举。

汉武帝在经济领域的国营化改革是一次真正意义上具有顶层设计意味的整体配套体制改革。在产业上将盐、铁、酒等暴利行业收归国家经营；在金融治理上用汉五铢钱统一替代当时混乱的郡国和私人铸钱，并严厉打击盗铸钱；在流通领域里推行“均输”和“平准”，国家管控、调剂地方租赋财物；税收上实施“算缗”“告缗”……通过改革，地方豪强、富商经济实力受到重创，国家获利空前。当然这场封建经济改革不少政策、措施违背了客观经济规律，值得注意和深思。

延伸/阅读

罢黜百家，独尊儒术

建元五年（公元前136年），窦太后老病，汉武帝于是下令设立以学习《诗》《书》《礼》《易》《春秋》五部儒家经典为主要内容的“五经博士”和太学，为儒家在京师开辟了一块活动繁衍的阵地。建元六年，窦太后病逝，武帝重新任用田为相，再次下诏命举贤良文学，“黜黄老刑名百家之言”，儒家学派得以重新抬头。一代大儒董仲舒出场了。董仲舒是广川（今河北枣强）人，青少年时代开始博览先秦诸子著作，对《公羊春秋》和阴阳五行学说的钻研特别刻苦，被汉景帝任命为博士，著有《春秋繁露》一书。元光元年（公元前134年），汉武帝诏令“贤良”对策，董仲舒上对策三篇，史称《天人三策》。在《天人三策》中，董仲舒继承改造孔子的“天命”思想和阴阳五行学说，提出“天人合一”和“天人感应”论。他把天说成是一位有绝对权力的至高无上的神，既主宰天上的诸神，也支配人间的帝王，为王权神授提供了理论根据。

同时，为了使人君保持绝对的权力和威严，必须在政治上加强专制主义的集中统一，因此大一统是“天地之常经，古今之通谊也”。他还建议用儒的纲常名教来维护封建统治。由于他隐隐觉察到不受限制的君主权力一旦为所欲为，也会给国家和社会带来意想不到的灾难，故又用天人谴告说告诫统治者要仁政德治，“宜民宜人”，才是顺应天理，才能长治久安。董仲舒的这套理论适应加强专制主义中央集权的需要，因而很受汉武帝的赏识。针对当时诸子并存、百家杂语造成全国思想混乱的情况，董仲舒提出只有儒家思想才是最正确、最完备的学说，建议罢黜诸子百家之学，确立儒家思想的正统地位，以儒学实行学术上、思想上的大一统。汉武帝接受了这个建议，进一步大力提倡儒学，把儒学确立为国家的指导思想。这就是有名的“罢黜百家，独尊儒术”。

学海/拾贝

☆ 夫仁行而从善，义立则俗易，意奉宪者所以导之未明与？将百姓所安殊路，而挢虔吏因乘势以侵蒸庶邪？何纷然其扰也！

☆ 仁不异远，义不辞难。今京师虽未为丰年，山林池泽之饶与民共之。今水潦移于江南，迫隆冬至，朕惧其饥寒不活。

陈胜项籍传

名师导读

陈胜，字涉，故又称陈涉。陈胜年轻时就很有志气，他出身雇农，从小给地主做长工，深受压迫和剥削，心里“怅然甚久”，逐渐产生了反抗压迫、变革现实的思想，他曾说过“燕雀安知鸿鹄之志哉”，立志要干点大事业出来。陈胜发动了中国历史上第一次大规模的农民起义，掀开了全国反抗暴秦的序幕，是颇具战略意识的农民领袖。

项羽，名籍，字羽，通常被称作项羽。杰出军事家，秦末起义军领袖。项羽是力能扛鼎的一代英雄豪杰，是推翻秦朝的重要功臣，后在楚汉战争中被汉王刘邦打败，在乌江（今安徽和县）自刎而死。项羽的勇武古今无双，古人对其有“羽之神勇，千古无二”的评价，是中华数千年历史上最为勇猛的将领。“霸王”一词专指项羽。

【原文】

陈胜字涉，阳城①人。吴广，字叔，阳夏②人也。

【注释】

①阳城：地名，今河南方城东。

②阳夏：地名，今河南太康。

【译文】

陈胜字涉，阳城人。吴广，字叔，阳夏人。

【原文】

胜少时，尝与人佣耕[①]。辍耕之垄上，怅然甚久，曰："苟富贵，无相忘！"佣者笑而应曰："若为佣耕，何富贵也？"胜太息[②]曰："嗟乎，燕雀安知鸿鹄[③]之志哉！"

扫码看视频

【注释】

①佣耕：被雇用种地。

②太息：出声叹气。

③鸿鹄（hú）：对大雁、天鹅之类飞行高远鸟类的通称。因飞得很高，所以常用来比喻志向远大的人。

【译文】

陈涉年轻时，曾和别人一起被雇佣耕地。一次在田埂上休息，他怅然叹息良久，最后说："谁要是富贵了，彼此都不要忘了啊！"受雇的伙伴笑着回答道："你被雇用来耕田，有什么富贵可言？"陈胜叹息说："唉，燕子、麻雀这些小鸟哪里能知道大雁、天鹅的志向啊！"

【原文】

秦二世[①]元年秋七月，发闾左戍渔阳九百人[②]，胜、广皆为屯长。行至蕲大泽乡[③]，会天大雨，道不通，度已失期。

【注释】

①秦二世：秦始皇少子，名胡亥，公元前210年继位，三年后被权臣赵

高逼迫自杀。

②发闾左：征调里巷左边的居民。古代二十五家为一闾，左为贫者，右为富者。渔阳：秦郡名，治渔阳（在今北京密云西南）。

③蕲：县名，在今安徽宿州东南。大泽乡：今宿州大泽乡镇。

【译文】

秦二世元年（公元前209年）秋七月，政府征调聚居里巷左侧的民户九百人去渔阳戍边，陈胜、吴广都被编入谪戍的队伍里，担任屯长。走到大泽乡时，天突然下起大雨，道路不通畅，估计已经误期。

【原文】

失期法斩，胜、广乃谋曰："今亡亦死[①]，举大计亦死，等死[②]，死国[③]可乎？"胜曰："天下苦秦久矣。吾闻二世，少子，不当立，当立者乃公子扶苏[④]。扶苏以数谏故不得立，上[⑤]使外将兵。今或闻无罪，二世杀之。百姓多闻其贤，未知其死。项燕[⑥]为楚将，数有功，爱士卒，楚人怜[⑦]之。或以为在。今诚以吾众为天下倡，宜多应者。"

【注释】

①亡亦死：逃亡触法也是死。

②等死：同样是死。

③死国：为夺取国家大权而死。

④公子扶苏：秦始皇的长子，被赵高与秦二世害死。

⑤上：这里指秦始皇。

⑥项燕：战国末年楚国的名将。

⑦怜：爱。

【译文】

误了期限，依据当时的法律是要斩首的，陈胜、吴广合计说：“如今逃走也是死，起义干一番大事业也是死，同样是死，不如做大事为国而死，可以吗？”陈胜说：“天下人受苦于暴秦统治好久了。我听说二世皇帝是少子，不应当继位，当继位的应是公子扶苏。可扶苏因多次劝谏不得立，并被始皇帝派到外边领兵。而今又听说他本无罪，二世却杀害了他。老百姓都听说扶苏贤明，而不知道他已经死了。项燕是楚国的将军，多次立功，又爱护士兵，楚国人都爱戴他。有的人认为他还活着。现在要是我们假冒扶苏和项燕的名义为天下人带个头，应该会有许多人响应。”

【原文】

广以为然。乃行卜①。卜者知其指意，曰：“足下事皆成，有功。然足下卜之鬼乎！”胜、广喜，念鬼②，曰：“此教我先威众耳。”乃丹书帛③曰“陈胜王”，置人所罾④鱼腹中。

【注释】

①行卜：向占卜者问吉凶。

②念鬼：考虑卜鬼的事。

③丹书帛：用朱砂在丝绸上写字。

④罾（zēng）：渔网。这里是捕获之意。

【译文】

吴广认为可行。于是二人便去卜卦。卜卦人明白他们的意图，说：“你们的事都能成，有大功。然而你们要向鬼神问卜啊！”陈胜、吴广很高兴，考虑卜鬼的事，说：“这是教我们先借鬼神之名在众人中取得威望。”于是他们用朱砂在丝绸上写了“陈胜王”三个字，偷偷塞进别人所捕的鱼的肚子中。

【原文】

卒买鱼亨食，得书，已怪之矣。又间令广之次所旁丛祠中①，夜构火，狐鸣②呼曰："大楚兴，陈胜王。"卒皆夜惊恐。旦日，卒中往往指目③胜、广。

【注释】

①之：到。次所：驻扎的地方。

②狐鸣：学着狐狸叫。

③指目：指指点点地注视着。

【译文】

戍卒买鱼烹食，发现鱼肚中的帛书，这本来就令人感到奇怪。陈胜又私下让吴广到驻地旁边丛林里的神庙中，夜间点起火堆，学着狐狸的声音呼喊道："大楚将兴，陈胜为王。"戍卒们整夜惊恐不安。次日早晨，戍卒中间到处谈论这件事，只是指指点点，互相以目示意看着陈胜、吴广。

【原文】

胜、广素爱人，士卒多为用。将尉①醉，广故数言欲亡②，忿尉，令辱之，以激怒其众。尉果笞广。尉剑挺③，广起夺而杀尉。胜佐之，并杀两尉。

【注释】

①将尉：率领戍卒的军官。

②亡：逃。

③剑挺：剑鞘宽松。挺，宽。

【译文】

陈胜、吴广一向体贴人，戍卒中很多人乐意听他俩的。押送戍卒的将尉喝醉了，吴广故意多次扬言要逃跑，以激怒将尉，让他当众侮辱自己，借以激怒众人。将尉果真用竹板打吴广。将尉剑拔出鞘想杀吴广，吴广奋起将剑夺走并杀死了将尉。陈胜也前来协助，合力杀死了两个将尉。

【原文】

召令徒属曰："公等遇雨，皆已失期，当斩。藉弟[①]令毋斩，而戍死者固什六七[②]。且壮士不死则已，死则举大名耳。侯王将相，宁有种乎！[③]"徒属皆曰："敬受令。"乃诈称公子扶苏、项燕，从民望也。

【注释】

①藉弟：即使。

②什六七：十分之六七。

③侯王将相，宁有种乎：侯王将相难道是天生的吗！

【译文】

然后召集并号召部属说："诸位遇上大雨，都已误了期限，误期是要杀头的。即使仅能免于斩刑，十有六七也将因戍边而死。况且壮士不死则已，要死就要留下举世皆知的大名声。王侯将相难道有天生的贵种吗！"部属都说："我们愿恭敬地接受命令。"于是就假称是公子扶苏、项燕的队伍举行起义，顺从民意。

【原文】

袒右[①]，称大楚。为坛而盟，祭以尉首。胜自立为将军，广为都尉。

攻大泽乡，拔之。收兵而攻蕲，蕲下。乃令符离[②]人葛婴将兵徇蕲以东，攻铚、酂、苦、柘、谯[③]，皆下之。

【注释】

①袒右：袒露右臂。秦代尚左，陈胜改为袒右。

②符离：县名，在今安徽宿州东。

③铚（zhì）、酂（cuó）、苦、柘（zhè）、谯：都是秦县名。铚在今安徽宿州西，酂在今河南永城西，苦在今河南鹿邑，柘在今河南柘城西北，谯在今安徽亳州。

【译文】

戍卒个个裸露右臂，号称大楚。他们修筑高坛盟誓，用将尉的头祭天。陈胜自立为将军，吴广为都尉。他们攻打大泽乡，攻了下来。招士兵扩大军队进攻蕲县，攻了下来。于是派符离人葛婴带兵攻略蕲县以东一带地区，陈胜则攻打铚、酂、苦、柘、谯等县，全都攻下了。

【原文】

行收兵[①]，比至陈[②]，兵车六七百乘，骑千余，卒数万人。攻陈，陈守令皆不在，独守丞与战谯门[③]中。不胜，守丞死。乃入据陈。数日，号召三老豪桀会计事。皆曰：“将军身被坚执锐，伐无道，诛暴秦，复立楚之社稷[④]，功宜为王。”胜乃立为王，号（为）张楚[⑤]。

【注释】

①行收兵：招收士兵。

②陈：县名，今河南淮阳。

③谯门：有谯楼的城门。谯，谯楼，城门上用来瞭望的楼。

④社稷：代表国家。

⑤张楚：国号，有张大楚国之意。

【译文】

行进途中不断招兵扩军，等到达陈县时，已有战车六七百辆，骑兵千余人，步兵数万人。攻打陈县时，郡守、县令都不在，只留下守丞在谯门中抵抗。抵抗不成，守丞被杀死。义军入城占领陈县。过了几天，陈胜下令召乡官三老、地方豪绅集会议事。三老、乡绅都说："将军您身披坚甲、手执锐利的武器，讨伐无道之君，诛杀暴秦，重建楚国，论功应该称王。"于是陈胜就自立为王，国号张楚。

【原文】

于是诸郡县苦秦吏暴，皆杀其长吏，将以应胜。乃以广为假王①，监诸将以西击荥阳②。令陈人武臣、张耳、陈馀徇赵③，汝阴人邓宗徇九江郡④。当此时，楚兵数千人为聚者不可胜数。

【注释】

①假王：暂时代理的王。

②荥阳：在今河南荥阳东北。

③徇：攻击。赵：指战国时赵国之地，在今河北南部及山西东部一带。

④九江郡：治所在寿春（今安徽寿县）。

【译文】

于是各郡县苦于秦吏暴政的，都杀死其官吏，以响应陈胜。于是，陈胜任命吴广为代理王，督率各将领向西进攻荥阳。命令陈县人武臣、张耳、陈馀攻击赵地，命令汝阴人邓宗攻击九江郡。这时候，楚地义军数千人聚集一起的，不可胜数。

【原文】

腊月[1]，胜之汝阴[2]，还至下城父，其御[3]庄贾杀胜以降秦。葬砀[4]，谥曰隐王。

【注释】

①腊月：阴历十二月。
②汝阴：秦县名，今安徽阜阳。
③御：赶车的人。
④砀（dàng）：秦县名，在今河南夏邑东。

【译文】

十二月，陈王到汝阴，转至下城父，他的车夫庄贾杀了他后投降秦军。陈胜被葬在砀县，谥号为隐王。

【原文】

胜故涓人将军吕臣为苍头军[1]，起新阳[2]，攻陈下之，杀庄贾，复以陈为楚。

【注释】

①涓人：主管宫室内务的人。苍头军：以青巾裹头的特种部队。
②新阳：秦县名，在今安徽界首北。

【译文】

陈胜旧时侍臣吕臣后来当了将军，建立了一支青巾裹头的苍头军，起兵新阳，攻克了陈县，杀死了庄贾，仍然以陈县为楚都。

【原文】

陈胜王凡六月。初为王，其故人尝与佣耕者闻之，乃之陈，叩宫门曰："吾欲见涉。"宫门令①欲缚之。自辩数②，乃置，不肯为通。胜出，遮道而呼涉。

【注释】

①宫门令：掌管守卫宫门的官。

②辩数：一条一条地分辩。

【译文】

陈胜称王共六个月。刚称王时，曾与他一道佣耕过的旧友听到此事，就赶来陈县，敲着宫门说："我要见陈胜。"宫门长官听了这话要把他捆起来。经他一再解说，才宽赦他，却仍旧没有给他通报。等陈胜出门时，他拦路高喊陈胜的名字。

【原文】

乃召见，载与归。入宫，见殿屋帷帐①，客曰："夥②，涉之为王沈沈③者！"楚人谓多为夥，故天下传之，"夥涉④为王"，由陈涉始。客出入愈益发舒⑤，言胜故情。

【注释】

①帷帐：帷幕床帐。

②夥：惊叹词。

③沈沈：通"湛湛"，喜乐之义。有说深邃貌。

④夥涉：相传为陈胜的外号。

⑤发舒：放纵。

【译文】

陈胜听到喊声就召见了他，和他同车回宫。进了王宫，看到殿堂房屋、帷幕帐帘，客人说："真棒啊！陈涉做了王，深宫大宅这样阔气！"楚国人叫"多"为"伙"，所以天下流传"伙涉为王"的俗语，由陈涉开始。这位客人进进出出越发放肆，还随意谈论陈胜以前的事。

【原文】

或言："客愚无知，专妄言，轻威。"胜斩之。诸故人皆自引去，由是无亲胜者。以朱防为中正①，胡武为司过②，主司群臣。诸将徇地，至，令之不是者③，系而罪之。以苛察为忠。其所不善者，不下吏，辄自治。胜信用之，诸将以故不亲附。此其所以败也。

【注释】

①中正：主管人事的官。

②司过：负责监察的官。

③令之不是者：不服从命令的人。

【译文】

有人劝陈王说："您这个客人愚昧无知，专门胡言乱语，有损您的威严。"陈胜便杀了那位客人。于是陈胜的所有老熟人都自动离去，从此陈胜便没有亲近的人了。陈胜任用朱防做中正官，任胡武为司过官，专门督察群臣过失。将领们攻占城邑，回到陈县复命时，办事不合朱防、胡武命令的人，就抓起来治罪。他们以苛刻、挑剔来对陈胜表示忠诚。只要跟这两个人关系不怎么样的，不交给有关官吏审问，他俩就随意惩治。陈胜却信任这二人，诸将因此不再亲附陈胜。这就是他失败的原因。

【原文】

胜虽已死，其所置遣侯王将相竟亡秦。高祖时为胜置守冢于砀①，至今血食②。王莽③败，乃绝。

【注释】

①高祖：指汉高祖刘邦。冢：坟墓。

②血食：言享受祭祀。古代杀牲取血以祭，故称。

③王莽：新朝建立者。本书有其传。

【译文】

陈胜虽然死了，但他所封立派遣的王侯将相终于灭亡了秦朝。高祖当时为陈涉安置坟墓于砀县，至今仍按时宰牲畜祭祀他。王莽乱汉后，便断了祭祀。

【原文】

项籍字羽，下相①人也。初起，年二十四。其季父②梁，梁父即楚名将项燕者也。家世楚将，封于项③，故姓项氏。

【注释】

①下相：秦县名，在今江苏宿迁西。

②季父：最小的叔父。

③项：秦县名，今河南沈丘。

【译文】

项籍，字羽，下相人。初起兵时，他才二十四岁。他的叔父叫项梁，项梁的父亲就是楚国名将项燕。项家世世代代为楚将，封在项县，因此姓项。

【原文】

籍少时，学书[①]不成，去；学剑[②]又不成，去。梁怒之。籍曰："书足记姓名而已。剑一人敌，不足学，学万人敌耳。"于是梁奇其意，乃教以兵法。籍大喜，略知其意，又不肯竟[③]。

【注释】

①书：写字。

②剑：指剑法。

③竟：本意是事物完毕、终止。又由此引申为终于、到底。

【译文】

项羽年少时，学习识字、写字，没有什么成就，于是放弃了学业；学习剑术，仍旧没有什么成就，又放弃了。项梁很生气。项羽说："认识文字足够记个姓名罢了。剑术对抗一个人，不值得学习，我要学习能抵抗上万人的本事。"因此项梁惊奇他的志向，便教他兵法。项羽大喜，但略微知道一点儿后，又不肯继续学了。

【原文】

梁尝有栎阳逮[①]，请蕲狱掾[②]曹咎书抵栎阳狱史司马欣，以故事皆已[③]。梁尝杀人，与籍避仇吴中[④]。

【注释】

①栎阳逮：被栎阳县通缉逮捕。
②蕲狱掾：蕲县的狱吏。
③已：完结。
④吴中：指吴县（今江苏苏州一带）。

【译文】

项梁曾被栎阳官吏追捕，就请蕲县监狱的办事员曹咎写信给栎阳监狱的办事员司马欣，这样事情才算了结。项梁杀了人，和项羽到吴中避仇。

【原文】

吴中贤士大夫皆出梁下。每有大繇役①及丧，梁常主办，阴以兵法部勒宾客子弟②，以知其能。秦始皇帝东游会稽③，渡浙江，梁与籍观。籍曰："彼可取而代也。"

【注释】

①繇役：古代统治者强迫平民从事的无偿劳动。包括力役、兵役等。
②阴：暗中。部勒：部署约束。
③会稽：郡名，治吴县。

【译文】

吴中贤士大夫的才能都在项梁之下。每当吴中有大徭役和丧事，项梁常常去主办，暗地用兵法组织宾客、子弟，借此了解他们的才能。秦始皇东游会稽，渡过钱塘江，项梁和项羽一起观看。项羽说："那个家伙，我们可以取而代之。"

【原文】

梁掩其口，曰："无妄言，族[①]矣！"梁以此奇籍。籍长八尺二寸，力扛鼎[②]，才气过人。吴中子弟皆惮[③]籍。

【注释】

①族：杀尽全族。

②扛（gāng）鼎：双手举鼎。

③惮：畏惧。

【译文】

项梁捂住他的嘴，说："别胡说，会灭族的！"项梁从此认为项羽有奇志。项羽身高八尺二寸，力能举鼎，才能和胆识过人。吴中子弟都畏惧他。

【原文】

秦二世元年，陈胜起。九月，会稽假守通素贤梁[①]，乃召与计事。梁曰："方今江西[②]皆反秦，此亦天亡秦时也。先发制人，后发制于人。"守叹曰："闻夫子楚将世家，唯足下[③]耳！"梁曰："吴有奇士桓楚，亡在泽中，人莫知其处，独籍知之。"

【注释】

①假守：代理郡守。通：殷通。

②江西：指长江九江至南京段以西地区。

③足下：对对方的敬称，相当于"您"。

【译文】

秦二世元年，陈胜等人在大泽乡起义。这年九月，因会稽代理郡守殷通向来看重项梁，于是召他议事。项梁说："大江以西的地方都开始反了，这是上天要灭亡秦朝的时候啊。先下手就能制服人家，后行动就被人家制服。"殷通叹息说："听说先生是楚将世家之后，举大事就靠您了！"项梁说："吴地有奇士桓楚，逃亡在湖泽之中，人们不知道他的去处，只有项羽知道。"

【原文】

梁乃戒籍持剑居外待。梁复入，与守语曰："请召籍，使受令召桓楚。"籍入，梁眴[①]籍曰："可行矣！"籍遂拔剑击斩守。梁持守头，佩其印绶[②]。门下惊扰，籍所击杀数十百人。府中皆詟伏[③]，莫敢复起。梁乃召故人所知豪吏，谕[④]以所为，遂举吴中兵。

【注释】

①眴（shùn）：使眼色。

②印绶：指官印。

③詟伏：吓得倒下。

④谕：晓谕，告知。

【译文】

项梁就走出去，嘱咐项羽拿着剑在外面等候。项梁再次进去，对郡守说："请召见项羽，让他接受使命召唤桓楚。"项羽进来，项梁向项羽使了个眼色，说："可以行动了！"项羽就拔出剑来斩了郡守的头。项梁提着郡守的头，挂着郡守的印。郡守左右随从看到后都惊慌骚乱，项羽砍杀了百十来人。满郡府的人都吓得趴在地上，没有谁敢再站起来。项梁就召集以前所熟悉的有权有势的官吏，讲明这样做是要起大事，于是调集吴中兵员。

【原文】

羽已杀卿子冠军，威震楚国，名闻诸侯。乃遣当阳君、蒲将军将卒二万人渡河[①]救钜鹿。战少利，陈馀复请兵。羽乃悉引兵渡河。已渡，皆湛舡[②]，破釜甑[③]，烧庐舍，持三日粮，视[④]士必死，无还心。

【注释】

①河：指漳河。

②湛（chén）：通“沉”，沉没。舡：船。

③釜（fǔ）甑（zèng）：泛指炊具。釜，锅。甑，蒸饭用具。

④视：通“示”。

【译文】

项羽杀掉卿子冠军宋义之后，威震楚国，名声传遍诸侯。他就派当阳君英布、蒲将军统兵两万人渡过漳河，援救钜鹿。战事稍稍取得胜利，陈馀又请求援兵。项羽就统率全部军队渡过漳河。渡河后，项羽沉掉全部船只，砸毁锅灶，烧掉营垒，只携带三天的干粮，借此向士兵表示死战的决心。

【原文】

于是至则围王离，与秦军遇，九战，绝甬道[①]，大破之，杀苏角，虏王离。涉闲不降，自烧杀。当是时，楚兵冠诸侯。诸侯军救钜鹿者十余壁，莫敢纵兵[②]。及楚击秦，诸侯皆从壁上观。楚战士无不一当十，呼声动天地。诸侯军人人惴恐。于是楚已破秦军，羽见诸侯将，入辕门，膝行而前，莫敢仰视。羽繇[③]是始为诸侯上将军，兵皆属焉。

【注释】

①甬道：也称为通道、甬路，两旁有墙或其他遮蔽物的路。

②纵兵：发兵，出兵。

②繇（yóu）：从。

【译文】

于是一到钜鹿就包围王离，与秦军九战，截断了他们运送粮食的通道，大败秦军，杀了苏角，活捉王离。涉闲不投降楚军，自焚而死。这时，楚军雄冠诸侯。诸侯援军前来救助钜鹿的有十多座营寨，都始终不敢出兵。等到楚军去攻打秦军的时候，诸侯军的将领都只是在壁垒上观看。楚军战士以一当十，杀声震天。诸侯军无不战栗惊恐。就这样打败秦军之后，项羽召见诸侯将领，他们进入辕门时，个个跪着前行，没有谁敢仰视。项羽从此成为诸侯的上将军，各路诸侯军都隶属于他。

【原文】

至函谷关，有兵守，不得入。闻沛公已屠咸阳，羽大怒，使当阳君击关。羽遂入，至戏西鸿门①，闻沛公欲王关中，独有秦府库珍宝。亚父范增②亦大怒，劝羽击沛公。

【注释】

①戏西：戏水以西。鸿门：地名，今称项王营，在今陕西西安临潼区东。

②范增：项羽的主要谋士，项羽尊称他为“亚父”。

【译文】

项羽军过函谷关时有兵把守，不得入内。听说沛公已经攻下咸阳，项羽十分愤怒，派当阳君等人攻打函谷关。项羽进入函谷关，到达戏水西面的鸿门，听说沛公想当关中王，独自占有秦朝府库里的珍宝。亚父范增也大怒，劝项羽袭击沛公。

【原文】

飨[1]士，旦日合战。羽季父项伯素善张良[2]。良时从沛公，项伯夜以语良。良与俱见沛公，因伯自解于羽。明日，沛公从百余骑至鸿门谢羽，自陈“封秦府库，还军霸上以待大王，闭关以备他盗，不敢背德”。羽意既解，范增欲害沛公，赖张良、樊哙[3]得免。……

【注释】

①飨（xiǎng）：用酒食款待，犒劳。

②张良：西汉开国功臣，政治家。

③樊哙：刘邦手下的勇将。

【译文】

于是设酒宴让士兵饱餐一顿，第二天准备交战。项伯是项羽的叔父，向来与张良要好。张良这时跟随沛公，项伯就连夜奔往沛公的军营把事情告诉了张良。张良带项伯一起去见沛公，求项伯解除项羽的疑心。次日，沛公带领一百多骑兵到鸿门拜见项羽，解释说：“封存秦朝的府库，退军到霸上以便恭候大王，闭关是为了防备盗贼，不敢违背大王的恩德。”项羽杀害沛公的主意已经打消，范增还想暗害沛公，多亏张良、樊哙才得以幸免。

【原文】

后数日，羽乃屠咸阳，杀秦降王子婴，烧其宫室，火三月不灭；

收其宝货，略妇女而东。秦民失望。于是韩生说羽曰：“关中阻山带河，四塞之地，肥饶，可都以伯[1]。”羽见秦宫室皆已烧残，又怀思东归，曰：“富贵不归故乡，如衣锦夜行[2]。”韩生曰：“人谓楚人沐猴而冠[3]，果然。”羽闻之，斩韩生。

【注释】

①伯：通“霸”。

②衣锦夜行：夜里穿着锦绣衣服走路。比喻不能在人前显示荣华富贵。锦，有彩色花纹的丝织品。

③沐猴而冠：猕猴戴帽子。比喻装扮得像人，实际却徒有其表，形同傀儡。

【译文】

过了几天，项羽领兵洗劫咸阳，杀了秦朝降王子婴，烧了秦朝宫室，大火烧了三个月不灭；他还夺取秦朝的财宝和美女往东走了。秦国的人民对此大失所望。韩生劝说项羽道：“关中依靠着山河险阻，四周都是要塞，土地肥沃，可以在这里建都称霸。”项羽一看秦朝宫室都已焚烧残破，又思恋家乡想回东方，说：“富贵了不回家乡，就如穿着锦绣衣服在夜间行走。”韩生说：“人家说楚国人就像戴帽子的猴子，果真如此。”项羽听到后，杀掉了韩生。

【原文】

汉王劫五诸侯兵，凡五十六万人，东伐楚。羽闻之，即令诸将击齐，而自以精兵三万人南从鲁出胡陵。汉王皆已破彭城，收其货赂[1]美人，日置酒高会。羽乃从萧晨击汉军而东，至彭城，日中，大破汉军。汉军皆走，迫之穀、泗水[2]。

【注释】

①赂：泛指财物。

②縠、泗水：縠水、泗水都流经彭城的东北面。縠水，今写作谷水。

【译文】

汉王统率五个诸侯国的军队，共五十六万人，向东攻打楚国。项羽得知，就命令诸将攻打齐国，而且亲自率领精兵三万人向南从鲁县出胡陵。汉军已攻入彭城，掳掠了许多财货、珍宝和美人，每天举行酒席盛会。项羽从西边的萧县发起猛烈的攻击，一大早就向东一直打到彭城，中午的时候，大败汉军。汉军全线溃败，接连被挤进谷水、泗水。

【原文】

汉军皆南走山，楚又追击至灵辟[1]东睢水上。汉军却[2]，为楚所挤，多杀。汉卒十余万皆入睢水，睢水为不流。汉王乃与数十骑遁去。……太公、吕后间求汉王，反遇楚军。楚军与归，羽常置军中。

【注释】

①灵辟：在今安徽宿州西北。

②却：退却。

【译文】

汉兵纷纷向南逃亡到山地，楚军又乘胜追击到灵辟东南的睢水边。汉军退却，被楚军夹击，多被杀。汉军十多万人死死伤伤都掉进了睢水，睢水就这样被堵得不能流动。汉王只得带几十名骑兵逃走。……太公、吕后从小道去寻找汉王的行踪，不幸又碰上楚军。楚军就把他们一起带回，项羽将他们安置在军营里。

【原文】

汉王稍收散卒，萧何亦发关中卒悉诣[①]荥阳，战京、索间，败楚。楚以故不能过荥阳而西。汉军荥阳，筑甬道，取敖仓食。三年，羽数击绝汉甬道，汉王食乏，请和，割荥阳以西为汉。羽欲听之。历阳侯范增曰："汉易与[②]耳，今不取，后必悔之。"

【注释】

①诣：到。

②与：对付。

【译文】

汉王逐渐聚集各路败军，萧何也发动关中士兵齐赴荥阳，在荥阳南面的京邑、索县之间作战，挫败了楚军。楚军因此不能越过荥阳西进。汉军驻扎荥阳，修筑甬道到黄河，靠它取得敖仓的粮食。汉高祖三年（公元前204年），项王多次侵夺汉军甬道，汉王缺粮，请求讲和，划分荥阳以西归汉。项羽想听从讲和。历阳侯范增说："汉军很容易对付的，现在如果不把他们一网打尽，以后一定会后悔。"

【原文】

羽乃急围荥阳。汉王患之，乃与陈平金四万斤以间[①]楚君臣。……项羽以故疑范增，稍夺之权。范增怒曰："天下事大定矣，君王自为之！愿赐骸骨[②]归。"

【注释】

①间：离间。

②愿赐骸骨：辞官引退的客套话。骸骨，身体的代称。

【译文】

项羽就急急忙忙将荥阳包围起来。汉王十分忧虑，于是就把四万两黄金给了陈平，让他离间项王君臣之间的关系。项王因此便怀疑范增，渐渐剥夺他的权力。范增大怒，说："天下事基本上都已经确定了，君王自己一个人去干吧！但愿您能赐我这把老骨头回家乡去。"

【原文】

行未至彭城，疽[①]发背死。于是汉将纪信诈为汉王出降，以诳[②]楚军，故汉王得与数十骑从西门出。

【注释】

①疽（jū）：一种恶性的疮。

②诳（kuáng）：欺骗，骗。

【译文】

范增启程还未到彭城，便因发背疮而死。于是汉军将领纪信诈称为汉王前去降楚，声东击西，因此汉王得以与数十骑从西门悄悄逃出。

【原文】

汉果数挑楚军战，楚军不出。使人辱之，五六日，大司马怒，渡兵汜水。卒半渡，汉击，大破之，尽得楚国金玉货赂。大司马咎、长史欣皆自刭[①]汜水上。咎故蕲狱掾，欣故塞王，羽信任之。羽至睢阳，闻咎等破，则引兵还。汉军方围钟离昧于荥阳东，羽军至，汉军畏楚，

尽走险阻。羽亦军广武相守，乃为高俎[②]，置太公其上，告汉王曰："今不急下，吾亨太公。"

【注释】

①刭（jǐng）：用刀割脖子。

②高俎：古代祭祀时摆牲畜的肉的高案。

【译文】

汉军果然多次向楚军挑战，楚军不出战。汉军派人辱骂楚军，五六天后，大司马发怒，指挥部队渡汜水。士兵刚渡过半数，汉军出击，大败楚军，得到了楚军所有的财物。大司马曹咎、长史司马欣都在汜水边自刎了。曹咎原是蕲县监狱属官，司马欣原是塞王，项羽信任他们。这时项羽到睢阳，听说曹咎等人兵败，就领兵回转。汉军在荥阳东面正包围钟离眜，项羽来到后，汉军害怕楚军，全部奔逃到险要地带去了。项羽军也驻扎在广武县做防守，项王做了一张高几案，把刘太公放在上面，通告汉王说："如果不赶快投降，我就烹杀太公。"

【原文】

汉王曰："吾与若[①]俱北面受命怀王，约为兄弟，吾翁即汝翁。必欲亨乃[②]翁，幸[③]分我一杯羹。"羽怒，欲杀之。项伯曰："天下事未可知。且为天下者不顾家，虽杀之无益，但益怨耳。"羽从之。

【注释】

①若：你。

②乃：你。

③幸：希望。

【译文】

汉王说："我与项王一起面向北接受了怀王的命令，约为兄弟，我爹就是你爹。若要烹杀你爹，那我盼你分给我一杯肉汤。"项羽大怒，要杀太公。项伯说："天下大事都是我们所无法预料的。而且争夺天下的人顾不到自己的家人，即使杀了他也没有任何好处，只会给我们增添怨恨而已。"项王听从了项伯的话。

【原文】

乃使人谓汉王曰："天下匈匈[①]，徒以吾两人。愿与王挑战，决雌雄，毋徒罢天下父子为也。"汉王笑谢曰："吾宁斗智，不能斗力。"羽令壮士出挑战。汉有善骑射曰楼烦[②]，楚挑战，三合，楼烦辄射杀之。羽大怒，自被甲持戟挑战。

【注释】

①匈匈：动乱，纷扰。

②楼烦：我国西北方一个崇尚骑射的民族。这里的射者可能是楼烦族人。

【译文】

于是派人对汉王说："天下纷纷扰扰，可这只是因为我们两个人罢了。希望汉王单独出来和我挑战，决一雌雄，别白白熬苦了天下的老老小小。"汉王笑着谢绝道："我宁可斗智，也不愿意用武力来争斗。"项王命令壮士出营挑战。汉军中有善于骑马射箭的楼烦人，楚军士兵与他挑战，只三个回合，楼烦射手就射杀了他们。项羽大怒，于是亲自披甲持戟挑战。

【原文】

楼烦欲射，羽瞋目叱之。楼烦目不能视，手不能发，走还入壁①，不敢复出。汉王使间问②之，乃羽也。汉王大惊。于是羽与汉王相与临广武间而语。

【注释】

①壁：一般是指墙壁，也可指直立的山崖或营垒。

②间问：暗中打听。

【译文】

楼烦射手正要射箭，项羽怒目呵斥。于是楼烦射手眼不敢看，手不敢发射，奔回营垒，再也不敢出来。汉王派人暗中打听，原来挑战的就是项王。汉王大吃一惊。于是，项羽与汉王站在广武涧两侧对话。

【原文】

汉王数①羽十罪。……羽怒，伏弩②射伤汉王。汉王入成皋。

【注释】

①数：列数。

②弩：本义是一种利用机械力量射箭的弓，后引申为射弩的弓箭手等。

【译文】

汉王列数了项羽的十大罪状。……项羽发怒，埋伏的弓箭手射中汉王。汉王跑进了成皋。

【原文】

时，汉关中兵益出，食多，羽兵食少。汉王使侯公说羽，羽乃与汉王约，中分天下，割鸿沟而西者为汉，东者为楚，归汉王父母妻子。已约，羽解而东。五年，汉王进兵追羽，至固陵，复为羽所败。汉王用张良计，致齐王信、建成侯彭越兵，及刘贾入楚地，围寿春。大司马周殷[①]叛楚，举九江兵随刘贾，迎黥布，与齐、梁诸侯皆大会[②]。

【注释】

①周殷：项羽手下大臣，作为大司马主持南方军政，统九江军。

②会：会合。

【译文】

这时，关中派出的士兵大量增加，军粮也很多，而项王的士兵却已经精疲、粮尽。汉王派遣侯公前往游说项王，项王就和汉王订约，平分天下的领土，划分鸿沟以西的地方属于汉，以东的地方属于楚，并将汉王的父母妻儿放回去。约定好后，项羽收兵东归。汉高祖五年（公元前202年），汉军进兵并追击项羽的军队，到达固陵县，又被项羽给打败了。汉王采用张良的计策，调回齐王韩信、建成侯彭越的部队，又让刘贾率领士兵进入楚国的境地，重重包围寿春。楚国的大司马周殷背叛楚国，率领九江全部士兵追随刘贾，迎接黥布，与齐、梁等地诸侯全部会合起来。

【原文】

羽壁垓下，军少食尽。汉帅诸侯兵围之数重。羽夜闻汉军四面皆楚歌，乃惊曰：“汉皆已得楚乎？是何楚人多也！”起饮帐中。有美人姓虞氏[①]，常幸从；骏马名骓[②]，常骑。

【注释】

①虞氏：虞姬，项羽的美人。曾在四面楚歌的困境下始终陪在项羽身边。

②骓（zhuī）：黑白相间的马。

【译文】

项王军在垓下筑起营垒，兵少粮尽。汉军及诸侯之兵重重包围楚军。晚上楚军听到汉军四面都唱起楚歌，项王大惊道："难道汉军都已经得到楚国的土地了吗？不然为什么楚人这么多呢！"项王起身在营帐中饮酒。有位美人名叫虞姬，经常受宠幸而随从项羽；有匹骏马名叫骓，项王经常骑它。

【原文】

乃悲歌慷慨，自为歌诗曰："力拔山兮气盖世，时不利兮骓不逝[①]。骓不逝兮可奈何！虞兮虞兮奈若何[②]！"歌数曲，美人和之。羽泣下数行，左右皆泣，莫能仰视。

【注释】

扫码看视频

①逝：这里是前进之意。

②奈若何：拿你怎么办。

【译文】

项王慷慨悲歌，自己作诗吟唱道："力拔山兮气盖世，时不利兮骓不逝。骓不逝兮可奈何！虞兮虞兮奈若何！"唱了几遍，美人在一旁伴唱。项王泪下数行，左右侍从也都跟着哭泣，不忍抬头看。

【原文】

于是羽遂上马，戏下[①]骑从者八百余人，夜直溃围南出驰。平明[②]，汉军乃觉之，令骑将灌婴以五千骑追羽。羽渡淮，骑能属者百余人。羽至阴陵[③]，迷失道，问一田父，田父绐[④]曰“左”。

【注释】

①戏下：麾下，部下。

②平明：天亮的时候。

③阴陵：县名，在今安徽定远西北。

④绐（dài）：欺骗。

【译文】

这时项王上马，部下壮士骑马相随的有八百多人，当夜往南突围飞马奔驰。天亮的时候，汉王才发觉，命令骑将灌婴率领五千骑兵马上去追赶。项王渡过淮河，骑兵跟得上的只有一百多人而已。项王到达阴陵，迷失了道路，问一个农夫，农夫骗他说“往左”。

【原文】

左，乃陷大泽中，以故汉追及之。羽复引而东，至东城[①]，乃有二十八骑[②]。追者数千，羽自度不得脱，谓其骑曰：“吾起兵至今八岁矣，身七十余战，所当者破，所击者服，未尝败北，遂伯有天下。然今卒困于此，此天亡我，非战之罪也。今日固决死，愿为诸军快战，必三胜，斩将，艾[③]旗，乃后死，使诸君知我非用兵罪，天亡我也。”于是引其骑因四隤山而为圜陈外向[④]。

【注释】

①东城：县名，在今安徽定远东南。

②乃：仅，但。骑（jì）：一人一马的合称。

③艾（yì）：刈割，斩除。

④四隤（tuí）山：又名四马山，在乌江附近，今安徽和县北。圜陈：圆形兵阵。

【译文】

项王往左，便陷进了大沼泽地，因此被汉军追上。项王又带领士兵向东奔进，到达东城，那时候只有二十八个骑兵跟随了。而汉军骑兵追赶的有几千人，项王料想自己不能逃脱这一劫，于是对他的骑兵说："我起兵到现在已经整整有八年的光景了，身经七十多次战斗，对抗我的敌人都败亡，攻打的敌人都降服，我从来没有打过败仗，这才称霸天下。然而今天在这里被困住了，这是上天要来灭亡我，并不是什么作战不利的过错。今天一定要决一死战，为诸君痛痛快快打完这一仗，一定接连三次获胜，斩将，砍旗，然后战死，让众多君臣和将士知道是上天要灭亡我，而不是作战不利的过错。"他将人马分为四队，向四方冲杀而队形成圜阵，兵器利刃都向外指。

【原文】

汉骑围之数重。羽谓其骑曰："吾为公取彼一将。"令四面骑驰下，期[①]山东为三处。于是羽大呼驰下，汉军皆披靡[②]。遂杀汉一将。

【注释】

①期：约定。

②披靡：形容军队溃败。

【译文】

汉军已把他们重重包围。项王对他的骑兵们说："看我斩对方一将。"命令骑兵四面奔驰而下，约定到山的东边分三处集合。于是项王大声呼喊奔驰而下，汉军随之溃散。项王斩杀了一员汉将。

【原文】

是时，杨喜为郎骑，追羽，羽还叱之，喜人马俱惊，辟易[①]数里。与其骑会三处。汉军不知羽所居，分军为三，复围之。羽乃驰，复斩汉一都尉，杀数十百人。复聚其骑，亡[②]两骑。乃谓骑曰："何如？"骑皆服曰："如大王言。"

【注释】

①辟易：惊退。

②亡：损失，伤亡。

【译文】

这时，杨喜担任骑将，追击项王，项王回头怒目呵斥，杨喜本人和马都受到惊吓，退避了好几里地。项王与骑士分三处会合。汉军不知道项王在哪里，就分兵三路，重新包围。项王继续奔驰，又斩杀一名汉军都尉，杀掉一百多人。又重新聚拢他的骑兵，仅损失两名而已。项王对骑兵们说："怎么样？"骑兵们都敬服地说："正像您说的一样。"

【原文】

于是羽遂引东，欲渡乌江[①]。乌江亭长舣[②]船待，谓羽曰："江东虽小，地方千里，众数十万，亦足王[③]也。愿大王急渡。今独臣有船，汉军至，亡[④]以渡。"

【注释】

①乌江：渡口名，在今安徽和县东北。乌江附近古有乌江亭，今有乌江镇。

②舣（yǐ）：船靠岸。

③足王：足以称王。

④亡（wú）：同“无”，没有。

【译文】

于是项羽向东而去，想东渡乌江。乌江亭长停船靠岸等着他，对项王说：“江东虽小，但土地纵横千里，民众几十万人，也足以称王了。希望大王急速渡江，现在就我有船，即使汉军来到也无船渡江。”

【原文】

羽笑曰：“乃天亡我，何渡为！且籍与江东子弟八千人渡而西，今亡一人还，纵江东父兄怜而王我，我何面目见之哉？纵彼不言，籍独不愧于心乎！”谓亭长曰：“吾知公长者也，吾骑此马五岁，所当亡敌，尝一日千里，吾不忍杀，以赐公。”乃令骑皆去马，步持短兵接战。羽独所杀汉军数百人。羽亦被十余创。顾见汉骑司马吕马童曰：“若非吾故人乎？”马童面之①，指王翳曰：“此项王也。”

【注释】

①面之：直视项羽。面，向，也有说为背。

【译文】

项王笑着说：“既然上天决定亡我，我渡江过去又能干什么呢！更何况我和江东子弟八千人渡江西征，现在没有一个人返回，纵使江东父老怜爱，仍以我为王，我还有什么脸面去见他们？纵使他们不说什么，难道我内心深处就不会感到惭愧吗！”然后项王对亭长说：“我知道您是一位有德行的人，我骑这匹马已经有五年的时间了，所向无敌，曾经一日行走千里，我实在不忍心将它杀掉，如今我就把它送给您。”于是命令骑兵下马步行，手持短兵器交战。仅项王杀死的汉军就有几百人。项王身上也受了十多处伤。项王看见汉军骑司马吕马童说：“你不是我的熟人吗？”吕马童面对项王，指给王翳看，说：“这就是项王。”

【原文】

羽乃曰：“吾闻汉购我头千金，邑万户，吾为公得。”乃自刭。王翳取其头，乱相铼蹈①争羽相杀者数十人。最后杨喜、吕马童、郎中吕胜、杨武各得其一体。故分其地以封五人，皆为列侯。

【注释】

①铼（róu）蹈：践踏。

【译文】

项王于是说：“我听说汉王悬赏千金买我的头，封邑万户，我给你们一些恩德吧。”于是自刎而死。王翳取下项王的头颅，其余骑兵互相践踏，争夺项王的躯体，相互残杀的有几十个人。到了最后，杨喜、吕马童、郎中吕胜和杨武各得项王的一部分肢体。

五个人一起把项王的尸体给瓜分了，因此汉王就把项王的封地分为五份，每人得一份，都封为列侯。

名师点评

陈胜敢为天下先，首举义旗反抗暴秦，是创造时势的英雄。一个篱笆三个桩，一个好汉三个帮。各种资源匮乏的陈胜早年就知道成就事业人才为本，提出了“苟富贵，毋相忘”，希望能团结乡人组成班底。不过富贵后他忘掉了初心，未能识人，不会用人，以至于在一次失利战争后，被起义军中的叛徒庄贾所杀。一场起义轰轰烈烈而起，悄无声息而去。

“力拔山兮气盖世”的西楚霸王项羽，出身贵族，勇武天下无敌。身边谋士范增亦难有对手，手下猛将英布、季布、龙且、钟离眛等人都是万人敌，却不出意外地败给了刘邦。刘邦虽胸无策划之谋，却善于团结有用的人，韩信说刘邦“善于将将”，可见知人善任是事业成功的条件之一。知人需要智慧，用人需要胆量。勇猛无敌的项羽不缺乏智慧，他能尊范增为“亚父”就是明证。但他缺少持之以恒的毅力和胆量，如早年学武的见异思迁，对范增的信任不能善始善终，垓下战败不思东山再起……所以，智慧、胆量、毅力需要从小培养、锻炼。

延伸/阅读

勾践灭吴

公元前 496 年，吴王阖闾派兵攻打越国，但以失败告终，阖闾也因被斩落脚趾，重伤而死。两年后，吴王阖闾的儿子夫差亲自带兵攻打越国。

越国被击败，越王勾践被押送到吴国做奴隶，勾践在越国被奴役了三年，受尽屈辱。后来，吴王觉得勾践没有威胁了，便放他回越国。

其实，勾践表面上对吴王言听计从，暗地里却计划如何报仇雪恨。

勾践回国后，为了鼓励民众参与生产劳动，早日完成报仇的心愿，他亲自和民众一起参加农业劳动。在他们的艰辛付出和齐心协力下，越国越来越强大。

十年过去了，越国已经从贫弱的小国变成军事强国。将士们觉得时机到了，请求越王勾践带领他们出征，讨回他们失去的尊严。将士们说：“大王，越国的人民尊敬您就像尊敬自己的父母一样。现在儿子想要替父母报仇，臣子想要替君王报仇。请您下令与吴国决一死战。”

勾践答应了将士们的请求，坚定地对他们说：“我听说古代贤明的君主不因为士兵少而忧虑，只是忧虑士兵缺乏自强的精神。我不希望你们不用智谋，单凭个人的勇敢，而是希望你们步调一致，同进同退。前进时想到会得到奖赏，后退时想到会受到惩罚，这样就会得到相应的赏赐。”

于是越国民众果断地行动起来，全国上下互相勉励。由于全体战士斗志昂扬，很快就打败了吴王。又经过几年，越国最终灭掉了吴国。

学海/拾贝

☆ 燕雀安知鸿鹄之志哉！

☆ 侯王将相，宁有种乎！

☆ 力拔山兮气盖世，时不利兮骓不逝。骓不逝兮可奈何！虞兮虞兮奈若何！

☆ 此天亡我，非战之罪也。

韩信彭越传

名师导读

韩信，西汉开国功臣，中国历史上杰出的军事家，“汉初三杰”之一。曾先后被封为齐王、楚王，后被贬为淮阴侯。韩信曾为汉朝的江山立下赫赫功劳，但后来遭到刘邦的疑忌，最后因谋反的罪名被处死。韩信被后人奉为“兵仙”“战神”，“国士无双”“功高无二，略不世出”是楚汉之时人们对他的评价。

彭越是楚汉战争时汉军著名将领、西汉开国功臣，封梁王，与韩信、英布并称为“汉初三大名将”。在楚汉战争中，他率部在楚军的后方开展游击战，打击楚军的补给，项羽两面作战、疲于应付，楚军的粮食、装备得不到补给。正是在刘邦的正面防御、韩信的千里包抄、彭越的后方游击战的基础上，最后在垓下之战中歼灭项羽麾下疲惫的部队，取得了最终的胜利。

【原文】

韩信，淮阴①人也。家贫无行②，不得推择③为吏，又不能治生④为商贾，常从人寄食⑤。其母死无以葬，乃行营⑥高燥地，令傍可置万家者。

【注释】

①淮阴：县名，在今江苏淮安。

②无行：指没有善行，品行不好。

③推择：推举选用。

④治生：谋生。

⑤寄食：投靠人家吃闲饭。

⑥行营：营求。

【译文】

韩信，淮阴县人。在他小的时候，家里一直很贫穷，他自己也没有好的品德言行，既不能被推选去做官，又不会做买卖以谋生，只好经常到别人家蹭饭吃。他的母亲死了，他穷得连安葬的钱都没有，于是只好寻找一块又高又干燥、四周宽敞的地方做坟地，以便日后在坟旁能安置下千万户人家。

【原文】

信从下乡南昌亭长食[①]，亭长妻苦[②]之，乃晨炊蓐食[③]。食时信往，不为具食。信亦知其意，自绝去。至城下钓，有一漂母[④]哀之，饭信，竟漂数十日。

【注释】

①下乡：乡名，属淮阴县。南昌：下乡的一个亭名。

②苦：厌。

③晨炊：一大早做饭。蓐食：在床上吃饭。

④漂母：漂洗丝、绵的老妇人。

【译文】

韩信曾经投靠下乡南昌的亭长并在他家吃饭，亭长的妻子十分讨厌他，于是，清早起来就把饭做好，端在床上吃掉。到吃早饭的时候，韩信去了，没有给他准备饭食。韩信知道她的用意，从此离去不再往来。韩信曾到城下钓鱼，有一位老妈妈在漂洗丝絮，十分怜悯他，给他饭吃，一连几十天都是这样，直到漂洗完毕。

【原文】

信谓漂母曰："吾必重报母。"母怒曰："大丈夫不能自食，吾哀王孙[①]而进食，岂望报乎！"淮阴少年又侮信曰："虽长大，好带刀剑，怯耳。"众辱[②]信曰："能死，刺我；不能，出跨下[③]。"于是信孰视[④]，俛[⑤]出跨下。一市皆笑信，以为怯。

【注释】

①王孙：犹言"公子"，对青年人的尊称。

②众辱：当众辱之。

③出跨下：从裤裆下钻过去。跨，指两腿之间。通"胯"。

④孰视：注目细看。

⑤俛（fǔ）：屈身，低头。

【译文】

韩信十分感激地对老妈妈说："我将来一定要重重地报答你。"老妇人听了很生气，说："你一个大丈夫不能养活自己，我是可怜你这年轻人，才把饭送给你吃，并不是想要你的报答！"淮阴城里有个青年欺侮韩信说："你虽然长得高大，还爱好佩带刀剑，可实际上胆怯得很。"并当众侮辱韩信说："你要是不怕死，就用剑刺我；你要是怕死，就从我的胯下爬过去。"韩信盯着那个青年人仔细地看了看之后，弯下身子，从他的裤裆下爬了过去。满街看热闹的人都耻笑韩信，认为他没有出息，是个胆小鬼。

【原文】

及项梁度淮[①]，信乃杖剑从之，居戏下[②]，无所知名。梁败，又属项羽，为郎中[③]。信数以策干[④]项羽，羽弗用。

【注释】

①淮：淮河。

②戏下：麾下，部下。

③郎中：侍卫帝王的小官。

④干：进说之意。

【译文】

当项梁率军渡过淮水北上时，韩信带着剑去投奔他，在项梁手下做一个无名小卒。项梁失败后，又归属项羽，项羽让他做郎中。韩信屡次向项羽献计献策，项羽都不予采纳，并不重用他。

【原文】

汉王之入蜀，信亡[①]楚归汉，未得知名，为连敖[②]。坐法当斩，其畴[③]十三人皆已斩，至信，信乃仰视，适见滕公[④]，曰："上[⑤]不欲就天下乎？而斩壮士！"

【注释】

①亡：逃亡。

②连敖：管理粮仓的小官。

③畴：同类。

④滕公：夏侯婴。曾为滕令奉车，故有此称。

⑤上：这里指汉王刘邦。

【译文】

汉王刘邦进入汉中，韩信从楚军逃出投奔汉王，在汉军中依然没有名气，当了个粮仓管理小吏。后来因犯法被判处死刑，同案犯十三人都已斩首，轮到韩信时，韩信抬头仰视，正好看见滕公夏侯婴，就质问道："汉王不是想统一天下吗？那为什么要杀掉壮士！"

【原文】

滕公奇其言，壮其貌，释弗斩。与语，大说[①]之，言于汉王。汉王以为治粟都尉[②]，上[③]未奇之也。

【注释】

①说：同"悦"。

②治粟都尉：管理粮饷的军官。

③上：疑当作"尚"。

【译文】

滕公觉得韩信的话不同一般，又看他长得威武，就把他释放了。滕公和韩信谈话后，十分高兴，向汉王报告了这一情况。汉王任命韩信为治粟都尉，但也没有重用他。

【原文】

数与萧何语，何奇之。至南郑[①]，诸将道亡者数十人。信度何等已数言上，不我用，即亡。何闻信亡，不及以闻，自追之。人有言上曰："丞相何亡。"上怒，如失左右手。居一二日，何来谒[②]。

【注释】

①南郑：县名，在今陕西汉中。

②谒（yè）：进见，拜见。

【译文】

韩信多次与萧何交谈，萧何很赏识他的才能。汉军到达南郑，将领中在半路上逃跑的有几十名。韩信考虑到萧何等人已经多次向汉王推荐过他，可还是没有得到重用，便也逃走了。萧何一听说韩信逃走了，十分着急，来不及向汉王报告就亲自去追赶。有人向汉王报告说："丞相萧何逃跑了。"汉王大怒，如同失去了左右手那样着急。过了两天，萧何来拜见汉王。

【原文】

上且怒且喜，骂何曰："若亡，何也？"何曰："臣非敢亡，追亡者耳。"上曰："所追者谁也？"曰："韩信。"上复骂曰："诸将亡者已数十，公无所追；追信，诈[①]也。"何曰："诸将易得，至如信，国士[②]无双。王必欲长王汉中，无所事信；必欲争天下，非信无可与计事者。顾王策安决。"

【注释】

扫码看视频

①诈：欺骗，骗人。

②国士：国家之英才。

【译文】

汉王又是生气又是高兴，骂萧何道："连你也逃跑，这是为什么？"萧何回答说："我哪里敢逃跑呢，我是去追赶逃跑的人。"汉王问："你追赶的是谁？”萧何回答说：“韩信。”汉王又骂道：“诸将领中逃跑的已有数十人之多，你一个都没有去追；唯独去追韩信，这是在骗人。”萧何说：“那些一般的将领是很容易得到的，像韩信这样杰出的人才，可以说举世无双。大王你如果只想在汉中称王，那没有什么事用得着韩信；如果一定要争夺天下，除了韩信就再没有能和你商议大事的人了。这要看大王如何决策。”

【原文】

信曰：“大王自料勇悍仁强孰与项王？”汉王默然良久，曰：“弗如也。”信再拜贺曰：“唯[①]信亦以为大王弗如也。然臣尝事项王，请言项王为人也。项王意乌猝嗟[②]，千人皆废[③]，然不能任属贤将，此特匹夫之勇也[④]。项王见人恭谨，言语姁姁[⑤]，人有病疾，涕泣分食饮，至使人有功，当封爵，刻印刓[⑥]，忍不能予[⑦]，此所谓妇人之仁也。项王虽霸天下而臣诸侯，不居关中而都彭城；又背义帝约[⑧]，而以亲爱王[⑨]，诸侯不平。诸侯之见项王逐义帝江南，亦皆归逐其主，自王善地。项王所过亡不残灭，多怨百姓[⑩]，百姓不附，特劫于威，强服耳。名虽为霸，实失天下心，故曰其强易弱。今大王诚能反其道，任天下武勇，何不诛[⑪]！以天下城邑封功臣，何不服[⑫]！以义兵从思东归之士，何不散[⑬]！且三秦王[⑭]为秦将，将秦子弟数岁，而所杀亡不可胜计，又欺其众降诸侯。至新安，项王诈坑秦降卒二十余万人，唯独邯、欣、翳脱。秦父兄怨此三人，痛于骨髓。今楚强以威王此三人，秦民莫爱也。大王之入武关，秋毫亡所害，除秦苛法，与民约，法三章[⑮]耳，秦民亡不欲得大王王秦者。于诸侯之约，大王当王关中，关中民户知[⑯]之。王失职之蜀，民亡不恨者。今王举而东，三秦可传檄而定也[⑰]。”于是汉王大喜，自以为得信晚。遂听信计，部署诸将所击。

【注释】

①唯：应辞。

②意乌猝嗟：厉声怒喝。意乌，怒吼声。猝嗟，怒斥声。

③废：吓倒之意。

④特：只，但。匹夫之勇：指不讲求智谋，只凭个人蛮干的勇气。

⑤姁（xǔ）姁：温和的样子。

⑥刻印：言持印在手。刓（wán）：磨损印角。

⑦忍不能予：不舍得给。

⑧背义帝约：背义帝“先入关中者王之”的约定。

⑨以亲爱王：将自己亲近、喜爱的人分封为王。

⑩多怨百姓：多结怨于百姓。

⑪何不诛：何所不诛。

⑫何不服：何人不服。

⑬何不散：何敌不散败。

⑭三秦王：指被项羽分封于关中的雍王章邯、塞王司马欣、翟王董翳。

⑮法三章：指刘邦所定“杀人者死，伤人及盗抵罪”之法。

⑯户知：家喻户晓。

⑰三秦：指三秦王所占据之地。传檄（xí）而定：言不必用兵，发布文告就可安定。檄，古时用以征召和声讨的文书。

【译文】

韩信说：“大王您自己估量，在勇猛、强悍和兵力等方面，您与项王谁更强？”汉王沉默了一会儿，说：“我不如项王。”韩信拜了两拜赞同地说：“我也认为大王不如他。然而我过去曾追随过项王，请让我谈谈项王的为人吧。项王怒喝一声，成百上千人都会吓得不敢动，但他不能任用有才能的将领，这只不过是匹夫的勇猛罢了。项王对待别人一向恭敬谦虚，言语温顺，有人生病了，他会同情他们并为此落泪，将自己的饮食分给他们吃，等到所任用的人立了功，应该加封爵位时，却把刻好的印信捏在手里，棱角都快磨光了还舍不得给人家，这就是所谓的妇人的仁慈。项王虽然称霸天下，使诸侯臣服，但他不占据关中而定都彭城；又违背义帝对诸侯的约定，把他所喜爱的人封为关中王，诸侯愤愤不平。诸侯看到项王把义帝驱逐到江南，也都回去驱逐自己原来的国君，占据富饶之地自立为王。项王军队所经过的地方，没有不遭到摧残、毁灭的，天下的百姓都怨恨他，内心并不愿意归附他，只不过是害怕他的威势，被迫服从罢了。名义上他虽然是天下的霸主，实际上早已失去了人心，所以说他貌似强大实际很容易削弱。而如今大王如果真能够采取和项王完全相反的做法，任用天下英勇善战的人才，还有什么敌人不能消灭！把天下的城邑分封给有功之臣，还有什么人会不心服口服！率领正义之师又顺从将士东归的心愿，还有什么敌人打不垮！况且原秦军的将领，后来分封在秦地的三个王，他们率领秦地的子弟打仗已经多年了，被杀死和逃亡的不计其数，却欺骗他们的部下投降了项羽。到了新安，项王又用狡诈的手段活埋了秦军已投降的士兵二十余万人，唯独章邯、司马欣和董翳三人得以脱身。秦地的父老兄弟怨恨这三个人，恨入骨髓。如今西楚霸王倚仗威势强行分封这三人为王，秦地的人民是不会爱戴他们的。大王率军进入武关后，纪律严明，秋毫无犯，废除秦朝的苛刻法令，和关中人民约法三章，秦地人民没有不盼望大王到秦地做王的。按照义帝与诸侯的约定，大王本当是关中王，关中百姓都知道这件事。大王失去了应得的关中王爵位而被贬到汉中，关中人民没有不怨恨的。如今大王发兵东进，三秦王所属封地只要一封文书传下去就可以平定。”于是，汉王十分高兴，自认为得到韩信太迟了。遂按照韩信的计策，部署各位将领所攻击的目标。

【原文】

汉王与兵三万人，遣张耳与俱，进击赵、代[①]。破代，禽夏说阏

与[2]。信之下魏、代，汉辄[3]使人收其精兵，诣荥阳以距楚。

【注释】

①赵、代：指当时的赵王歇、代王陈馀。陈馀没有去代国，而是留下来辅佐赵王，故被称为成安君，这是他自称代王前的封号。

②禽：同“擒”。夏说：代王陈馀的丞相。

③辄（zhé）：就。

【译文】

汉王同意给韩信增兵三万，派张耳和韩信一起，向北攻打赵国和代国。韩信、张耳打垮了代军，在阏与活捉了夏说。韩信攻取魏国和代国后，汉王就派人调回他的精锐部队，到荥阳抗拒楚军。

【原文】

信、耳以兵数万，欲东下井陉[1]击赵。赵王、成安君陈馀闻汉且袭之，聚兵井陉口，号称二十万。广武君李左车[2]说成安君曰：“闻汉将韩信涉西河[3]，虏魏王，禽夏说，新喋血[4]阏与。今乃辅以张耳，议欲以下赵，此乘胜而去国远斗，其锋不可当。臣闻：‘千里餽粮[5]，士有饥色；樵苏后爨[6]，师不宿饱。’今井陉之道，车不得方轨[7]，骑不得成列，行数百里，其势粮食必在后。愿足下假臣奇兵三万人，从间路绝其辎重[8]；足下深沟高垒勿与战。彼前不得斗，退不得还，吾奇兵绝其后，野无所掠卤[9]，不至十日，两将之头可致戏下。愿君留意臣之计，必不为二子所禽矣。”

【注释】

①井陉（xíng）：地名，在今河北井陉西北。

②李左车：赵王的谋臣，封为广武君。

③西河：指河套以下至今风陵渡一段黄河。

④喋血：犹言踏血。形容杀人流血之多。

⑤餽（kuì）粮：运粮。餽：“饋（馈）”的异体字。

⑥樵苏：采集柴草。爨（cuàn）：灶。生火做饭。

⑦方轨：两车并行。

⑧辎（zī）重：行军时由运输部队携带的物资，主要是粮草。

⑨掠卤：掳掠，抢劫。

【译文】

韩信和张耳率领数万军队，准备向东至井陉口攻打赵国。赵王和成安君陈馀一听说汉军要来袭击，就集结重兵扼守井陉口，号称二十万大军。广武君李左车为成安君献计策说：“我听说汉国的将领韩信已经渡过西河，俘虏了魏王，活捉了夏说，刚刚血战阏与。现在又以张耳为辅助，计议攻打赵国，这是乘胜而远离国土的战斗，进攻的锋芒锐不可当。但我听说：‘从千里之外运送军粮，士兵就会面有饥色；临时打柴割草来做饭，军队就经常无法吃饱。’如今井陉关口的道路狭窄，战车不能并行通过，骑兵不能排成行列行进，大部队行军前后数百里，那种形势下军粮一定是在部队的后面。希望您暂且借我三万精兵，从小路去拦截他们的辎重粮草；您则深挖战壕，高筑营垒，拒不迎战。他们向前进不能交战，向后退不能回去，我率奇袭部队截断他们的后路，使他们在野外掠不到任何粮食，不到十天，两将领的首级就能送到您的帐前了。希望您认真考虑我的计策，我保证您一定不会为二人所俘虏。”

【原文】

成安君，儒者，常称义兵不用诈谋奇计，谓曰：“吾闻兵法‘什

则围之，倍则战’①。今韩信兵号数万，其实不能②，千里袭我，亦以罢矣。今如此避弗击，后有大者，何以距之？诸侯谓吾怯，而轻来伐我。”不听广武君策。

【注释】

①什则围之，倍则战：引文见《孙子·谋攻篇》。

②不能：指不到数万。

【译文】

成安君是个儒者，经常宣称正义的军队不使用诈谋诡计，他说道：“我听兵法上说‘兵力超过敌人十倍就可以包围他们，超过一倍就可以交战’。如今韩信的军队号称几万，其实没有那么多，且千里跋涉来袭击我们，也已经精疲力竭了。现在对这样的敌人还躲避不出击，以后如遇到更强大的敌人，我们怎么来抗击呢？诸侯会认为我们胆怯，而轻易来攻打我们。”他没有采纳广武君的计策。

【原文】

信使间人①窥知其不用，还报，则大喜，乃敢引兵遂下。未至井陉口三十里，止舍②。夜半传发③，选轻骑二千人，人持一赤帜，从间道萆山④而望赵军，戒曰：“赵见我走，必空壁⑤逐我，若疾入，拔赵帜，立汉帜。”

【注释】

①间人：侦察员。

②止舍：停止行军而宿营。

③传发：传令出发。

④蓽山：隐蔽于山上（使敌人看不见）。蓽（bì），同“蔽”，隐蔽。

⑤空壁：全军出动。壁，指军垒，军营。

【译文】

韩信派暗探刺探到陈馀不采用广武君的计策，回来报告，韩信大喜，才敢率军直下井陉关。在离井陉口不到三十里的地方，停下来宿营。半夜时韩信传令出发，挑选了两千名轻装骑兵，每人手中拿着一面红色旗帜，从小道上山，隐蔽在山上观察赵军，告诫大家说：“赵军看到我军败退逃走，一定会倾巢出动追击我军，这时候你们火速冲进赵军的营垒，拔掉赵军的旗帜，插上汉军的旗帜。”

【原文】

令其裨将传餐[①]，曰：“今日破赵会食。”诸将皆呒然[②]，阳应曰：“诺。”信谓军吏曰：“赵已先据便地壁，且彼未见大将旗鼓，未肯击前行，恐吾阻险而还。”乃使万人先行，出，背水陈[③]。

【注释】

①裨（pí）将：副将。传餐：传令用简单的饭食。

②呒（fǔ）然：茫然不知所措貌。

③背水陈：背靠河水列阵。这里的“水”指绵河。陈，同“阵”。

【译文】

又让副将传令下去就地先吃点简单的饭食，告诉将领们说：“今天攻破赵国之后举行会餐。”将领们茫然不知所措，假装答应道：“好的。”韩信又对执事军官说：“赵军已先占据了有利的地形扎下营寨，并且他们在看到我军大将的旗鼓之前，是不会出来攻击我军的先锋部队的，担心到了关隘险要之处我们会退回去。”韩信于是调遣一万人先出发，出了井陉口，背靠河水摆开阵势。

【原文】

赵兵望见大笑。平旦①，信建大将旗鼓，鼓行出井陉口，赵开壁击之，大战良久。于是信、张耳弃鼓旗，走水上军②，复疾战。赵空壁争汉鼓旗，逐信、耳。信、耳已入水上军，军皆殊死战，不可败。

【注释】

①平旦：天亮。

②走水上军：退向背水阵地。

【译文】

赵军望见这种阵势大笑起来。天亮后，韩信竖起大将的旗号，擂响战鼓，大张旗鼓地走出井陉口，赵军打开营垒与汉军交战，双方激战了很长时间。这时，韩信和张耳假装不能支撑，抛弃旗鼓，急速逃入列阵于水边的军中，然后又进行激战。赵军果然倾巢出动来争抢汉军的旗鼓，追赶韩信和张耳。韩信和张耳的手下将士没有退路，决定背水一战，拼死抵抗，不可失败。

【原文】

信所出奇兵二千骑者，候赵空壁逐利①，即驰入赵壁，皆拔赵旗帜，立汉赤帜二千。赵军已不能得信、耳等，欲还归壁，壁皆汉赤帜，大惊，以汉为皆已破赵王将矣，遂乱，遁走。赵将虽斩之，弗能禁。于是汉兵夹击，破虏赵军，斩成安君泜水②上，禽赵王歇。

【注释】

①逐利：追逐战利品。

②泜（chí）水：今槐河，发源于河北赞皇西南，向东南流入滏阳河。

【译文】

韩信派出去的那两千轻骑兵部队，等到赵军倾巢出动争夺战利品的时候，就飞速冲进赵军的营垒，拔掉赵军全部旗帜，插上汉军的两千面红旗。赵军看到捉不住韩信和张耳等人，想要退回营垒，发现营垒中都是汉军的红旗，大为惊慌，以为汉军已打败了赵王和他的将领，阵势大乱，士兵纷纷逃跑。赵军将领即使斩杀逃兵，也无法阻止。此时，汉军前后夹击，大败赵军，俘虏大批人马，在泜水边斩了成安君陈馀，活捉了赵王歇。

【原文】

信乃令军毋斩广武君，有生得之者，购①千金。顷之，有缚而至戏下者，信解其缚，东乡坐②，西乡对而师事之。

【注释】

①购：购求。这里是悬赏之意。

②东乡坐：言让广武君东向坐，以尊之。古代对老师十分尊重，坐席的时候，通常是面向东方。乡，通“向”。

【译文】

韩信传令军中，不得斩杀广武君，有谁活捉到他，奖赏千金。不一会儿，就有人捆绑着广武君送到韩信军营，韩信立即解开了他身上捆绑的绳索，请他面向东坐，自己面向西对坐，像对待老师那样对待他。

【原文】

诸校効首虏休[①]，皆贺，因问信曰："兵法有'右背山陵，前左水泽'[②]，今者将军令臣等反背水陈，曰破赵会食，臣等不服。然竟以胜，此何术也？"

【注释】

①诸校：诸部。効首虏：献上首级和俘虏。休：休止。这里是完毕之意。

②右背山陵，前左水泽：此与《孙子·行军篇》"丘陵堤防，必处其阳而右背之"说法相同。

【译文】

各将领献完首级和俘虏，都向韩信称贺，有人问韩信道："兵法上说'布列军阵要右边和背后靠山，前面和左边靠水'，这次将军反而命令我们背水列阵，还说要打败赵军会餐，我们心里都不信服。然而竟然胜利了，这到底是用了什么战术啊？"

【原文】

信曰："此在兵法，顾诸君弗察耳。兵法不曰'陷之死地而后生，投之亡地而后存'[①]乎？且信非得素拊循[②]士大夫，经所谓'驱市人[③]而战之'也，其势非置死地，人人自为战；今即予生地，皆走，宁尚得而用之乎！"诸将皆服曰："非所及也。"

【注释】

①"陷之死地而后生"两句：引自《孙子·九地篇》。

②拊（fǔ）循：抚慰。这里是训练之意。

③市人：集市之人。比喻乌合之众。

【译文】

韩信说："这种列阵的方式兵法上是有的，只不过诸位没有注意罢了。兵法上不是说'陷入死地而后苦战得生，处在绝境而后死战得存'吗？况且我韩信率领的并不是平素受到我长期训练而完全听从我指挥的将士，这就是兵书上所说的'临时驱赶着市民去打仗'，这种形势下非把士兵置于死地，让他们人人主动为生存而奋勇作战不可；如果把军队部署在容易逃命的开阔地，恐怕都会不战而逃，怎么能用他们来克敌制胜呢！"将领们都佩服地说："将军谋略高明，不是我们赶得上的。"

【原文】

于是问广武君曰："仆欲北攻燕①，东伐齐，何若有功？"广武君辞曰："臣闻'亡国之大夫不可以图存②，败军之将不可以语勇'。若臣者，何足以权大事乎！"信曰："仆闻之，百里奚③居虞而虞亡，之④秦而秦伯，非愚于虞而智于秦也，用与不用，听与不听耳。向使成安君听子计，仆亦禽矣。仆委心归计⑤，愿子勿辞。"

【注释】

①仆：古时男子谦逊的自称。燕：这里指燕王臧荼。

②图存：谋划国家生存之大事。

③百里奚：春秋时虞国人，秦穆公用为相，助其兴霸业。

④之：到，往。

⑤委心归计：犹言倾心求教。

【译文】

韩信问广武君道："我想向北方进攻燕国，向东方讨伐齐国，您看如何才可以获得成功？"广武君谦让道："我听说'亡了国的臣子是不配谋划国家存亡的，打了败仗的将领没有资格谈论勇敢'。像我这样一个兵败国亡的俘虏，哪里配商量大事呢！"韩信说："我听说，百里奚在虞国而虞国灭亡，到了秦国而秦国称霸，并不是他在虞国时愚蠢而到秦国就聪明了，关键在于国君用不用他，采不采纳他的意见。假使当初成安君听了您的计策，我韩信也早被您俘虏了。我会诚心听从您的计策，希望您不要再推辞了。"

【原文】

广武君曰："臣闻'智者千虑，必有一失；愚者千虑，亦有一得'。故曰'狂夫之言，圣人择焉'。顾恐臣计未足用，愿效愚忠。故成安君有百战百胜之计，一日而失之，军败鄗①下，身死泜水上。今足下虏魏王，禽夏说，不旬朝②破赵二十万众，诛成安君。名闻海内，威震诸侯，众庶莫不辍作③怠惰，靡衣媮食④，倾耳以待命者。然而众劳卒罢，其实难用也。今足下举倦敝之兵，顿之燕坚城之下，情见力屈⑤，欲战不拔，旷日持久，粮食单竭。若燕不破，齐必距境而以自强。二国相持，则刘、项之权未有所分也。臣愚，窃以为亦过⑥矣。"

【注释】

①鄗：县名，在今河北高邑东。

②不旬朝：不到半天工夫。旬，足，满。

③辍作：停止耕作。

④靡衣媮（tōu）食：穿好衣，贪饮食。指只图吃穿。靡，华丽。媮，苟且。

⑤情见（xiàn）力屈：真实情况暴露，威势挫减。

⑥过：过错。这里是失策之意。

【译文】

广武君说："我听说'智者千虑，必有一失；愚者千虑，亦有一得'。所以说'即使是狂人的话，圣人也可以有选择地采纳'。不过，恐怕我的计策不一定值得听取，但我愿意向您奉献我的诚心。本来成安君有百战百胜的计策，然而一旦失策，军队在都城之下战败，自己也死于泜水之上。如今将军俘虏魏王，活捉夏说，不到一个上午的时间就打垮赵军二十万，杀成安君。名扬天下，威震诸侯，连敌国的农夫都预感大军即将到来无不放弃耕作，心灰意懒，只图吃喝，竖起耳朵等待您下令进军的消息。然而，现在您的部队已经疲惫不堪，事实上也难以继续作战了。现在将军率领这样疲惫的士兵，困顿于燕国坚固的城池下面，实情也很明显地暴露在敌人面前，声势削弱，想要攻城却攻不下，旷日持久，粮食耗尽。如果燕国攻不破，齐国必然据守边境而使自己强大起来。汉军与燕齐二国相持下去，那么刘邦和项羽两方的轻重就分不出来了。我的见识浅陋，但私下认为攻燕伐齐是一种失策啊。"

【原文】

信曰："然则何由[①]？"广武君对曰："当今之计，不如按甲[②]休兵，百里之内，牛、酒日至，以飨士大夫，北首燕路[③]，然后发一乘之使，

奉咫尺之书[④]，以使燕，燕必不敢不听。从燕而东临齐，虽有智者，亦不知为齐计矣。如是，则天下事可图也。兵故有先声而后实者，此之谓也。”

【注释】

①何由：当从何计。

②甲：兵甲。

③北首燕路：摆出向北攻燕的态势。首，趋向。

④咫（zhǐ）尺之书：一封书信。古时八寸为咫。

【译文】

韩信说：“那该如何是好？”广武君回答说：“现在最好的办法，不如按兵不动，这样方圆百里之内，每天都有人送来牛肉美酒，宴请将领，摆出要向北进攻燕国的样子，然后派一名使者，拿着书信到燕国去，燕国一定不敢不听从。降服了燕国而率大军东向逼近齐国，即便有聪明人，也不知道该怎样替齐国谋划了。这样一来，争夺天下的事就可以实现了。用兵本来就有先虚张声势后采取实际行动的，我所说的就是这种情况。”

【原文】

信曰：“善。敬奉教。”于是用广武君策，发使燕，燕从风而靡[①]。乃遣使报汉[②]，因请立张耳王赵以抚其国。汉王许之。

【注释】

①从风而靡：随风而倒。引申为畏势而降。

②汉：汉王。

【译文】

韩信说："很好。感谢赐教。"于是采用广武君的计策，派使者出使燕国，燕国听到消息立即投降。韩信派人将此事报告给汉王，并因此要求立张耳为赵王以镇抚赵国。汉王答应了他的请求。

【原文】

使人言汉王曰："齐夸诈多变，反复之国，南边楚，不为假王①以填之，其势不定。今权轻，不足以安之，臣请自立为假王。"当是时，楚方急围汉王于荥阳，使者至，发书，汉王大怒，骂曰："吾困于此，旦暮望而来佐我②，乃欲自立为王！"

【注释】

①假王：代理的王。

②而：你。佐：辅助。

【译文】

韩信派人向汉王上书说："齐国狡诈多变，是个反复无常的国家，南边又靠近楚国，如果不设立一个代理王来镇抚，局势就不会稳定。现在我的权力太小，不足以安定齐地，我请求自立为代理齐王。"这时，楚军刚将汉王围困在荥阳，使者来到后，汉王打开书信一看，不禁大发雷霆，大骂道："我被围困在这里，日夜盼望你来辅助我，你竟要自立为王！"

【原文】

张良、陈平伏后蹑①汉王足，因附耳语曰："汉方不利，宁能禁信之自王乎？不如因立，善遇之，使自为守。不然，变生②。"汉王

亦寤[3]，因复骂曰："大丈夫定诸侯，即为真王耳，何以假为！"遣张良立信为齐王，征其兵使击楚。

【注释】

①蹑：踩。
②变生：发生变故。
③寤（wù）：同"悟"。

【译文】

张良、陈平在后面暗中踩了一下汉王的脚，凑近他的耳朵说："汉军正处在不利的形势，怎么能够阻止韩信称王呢？不如趁此机会立他为王，好好对待他，让他自己镇守齐国。不这样的话，可能会发生变故。"汉王也明白过来，又骂道："大丈夫平定了诸侯，就应当做真王，为什么要做代理王！"于是派张良前去立韩信为齐王，征调他的部队攻打楚军。

【原文】

汉王之败固陵，用张良计，征信将兵会垓下。项羽死，高祖袭夺信军，徙[1]信为楚王，都下邳[2]。

【注释】

①徙：调动官职。
②下邳：县名，今江苏邳州南。

【译文】

汉王在固陵打了败仗，采用张良的计策，征召韩信率领部队到垓下会师。项羽死后，汉高祖用突然袭击的办法夺取了韩信的军权，改封齐王韩信为楚王，定都下邳。

【原文】

信至国，召所从食漂母，赐千金。及下乡亭长，钱百①，曰："公，小人，为德不竟②。"召辱己少年令出跨下者，以为中尉③，告诸将相曰："此壮士也。方辱我时，宁不能死④？死之无名，故忍而就此⑤。"

【注释】

扫码看视频

①钱百：赐百钱。

②为德不竟：谓不能善始善终。

③中尉：掌管巡城捕盗的武官。

④死：与"杀"同义，下脱一"之"字。

⑤此：指现在的功业。

【译文】

韩信到了楚都，召见过去曾给他饭吃的那位漂母，赠送她一千金。还有那个下乡的亭长，赠送他一百钱，说："你是小人，做好事有始无终。"又召见曾经侮辱自己、叫自己从他胯下爬过去的那个年轻人，任命他做楚国的中尉，韩信对各位将相说："这是个壮士。当他侮辱我的时候，我难道就不可以杀死他吗？但杀死他没有名目，所以我忍了下来，才取得如今的成就。"

【原文】

项王亡将钟离眛家在伊庐①，素与信善。项王败，眛亡归信。汉

怨昧，闻在楚，诏楚捕之。信初之国，行县邑，陈兵出入。有变告信欲反，书闻，上患之。用陈平谋，伪游于云梦[②]者，实欲袭信，信弗知。高祖且至楚，信欲发兵，自度无罪；欲谒上，恐见禽[③]。

【注释】

①伊庐：乡名，在今江苏灌云东北。

②云梦：古泽名，在今洪湖、洞庭湖一带。

③见禽：被擒拿。见，表示被动，相当于“被”。

【译文】

项王的逃亡将领钟离昧家住伊庐，向来和韩信交好。项王死后，他逃归韩信。汉王怨恨钟离昧，听说他在楚国，就下令楚国逮捕他。韩信刚到楚国时，巡行各县邑，进出都派军队警卫。有人上书告发楚王韩信想谋反，汉高祖看到那封告发信后，显得很担忧。他采用陈平的计谋，名义上去游览云梦泽，其实是要袭击韩信，韩信不知道。高祖将要到达楚国时，韩信想起兵反叛，但考虑自己根本就没有什么罪过；想朝见高祖，又担心被擒拿。

【原文】

人或说信曰：“斩昧谒上，上必喜，亡患。”信见昧计事，昧曰：“汉所以不击取楚，以昧在。公若欲捕我自媚[①]汉，吾今死，公随手亡矣。”乃骂信曰：“公非长者！”卒自刭。信持其首谒于陈[②]。

【注释】

①媚：巴结，讨好。

②陈：县名，今河南淮阳。

【译文】

有人劝韩信说："杀了钟离眛去朝见皇帝，皇帝一定会很高兴，这样就没有任何祸患。"韩信去见钟离眛商量这件事情，钟离眛说："汉王之所以没有攻取楚国，是因为我钟离眛在你手上。你如果要捉拿我去讨好汉王，那么我今天死了，你也会跟着白白送掉自己的性命。"于是大骂韩信道："你不是一个忠厚诚实的人！"便自杀了。韩信拿着钟离眛的首级到陈县朝见汉高祖。

【原文】

高祖令武士缚信，载后车。信曰："果若人言，'狡兔死，良狗亨'。"上曰："人告公反。"遂械[①]信。至雒阳，赦以为淮阴侯。

【注释】

①械：加上刑具。

【译文】

汉高祖命令武士把韩信捆绑起来，装在后面的车上。韩信说："果然像人们所说的，'狡猾的兔子被打死了，优良的猎狗就要遭烹杀'。"汉高祖说："有人告发你谋反。"就给韩信戴上刑具。到了洛阳，汉高祖赦免了韩信所犯下的罪，封他为淮阴侯。

【原文】

后陈豨[①]为代相监边，辞信，信挈其手，与步于庭数匝，仰天而叹曰："子可与言乎？吾欲与子有言。"豨因曰："唯将军命。"

信曰："公之所居，天下精兵处也，而公，陛下之信幸臣也。人言公反，陛下必不信；再至，陛下乃疑；三至，必怒而自将。吾为公从中起[2]，天下可图也。"陈豨素知其能，信之，曰："谨奉教！"

【注释】

①陈豨：刘邦的将领，为代的相国。

②从中起：从京师为内应。

【译文】

后来陈豨被任命为代相国监边兵，向韩信辞行，韩信拉着陈豨的手，同他在庭院里来回踱步好几圈，仰天叹息说："有话可以和你谈吗？有些话我想和你谈谈。"陈豨说："一切听从将军的吩咐。"韩信说："你所管辖的区域，是天下精兵聚集的地方，而你又是陛下亲信宠爱的臣子。如果有人说你反叛，陛下一定不相信；这种话如果再次传来，陛下就会怀疑了；第三次传来，陛下一定会大怒而亲自带兵讨伐。我为你从京城起兵做内应，天下就可以图谋了。"陈豨向来了解韩信的才能，便相信他，说："谨从指教！"

【原文】

汉十年，豨果反，高帝自将而往，信称病不从。阴使人之豨所，而与家臣谋，夜诈赦诸官徒奴[1]，欲发兵袭吕后、太子。部署已定，待豨报。其舍人[2]得罪信，信囚，欲杀之。舍人弟上书变告[3]信欲反状于吕后。

【注释】

①官徒奴：官府管制的罪犯和奴隶。

②舍人：亲信或门客的通称。

③上书变告：向朝廷告发非常之事。

【译文】

汉十年（公元前197年），陈豨果然谋反，高帝亲自带兵前去平叛，韩信装病没有跟随。韩信暗中派人到陈豨的住所，和他的家臣谋划，夜里又假传诏令，赦免各官府的罪犯和奴隶，准备发兵袭击吕后、太子。一切部署停当，只等陈豨的消息。他的一个家臣得罪了韩信，韩信把他囚禁起来，准备杀他。家臣的弟弟上书向吕后告发韩信准备反叛的情况。

【原文】

吕后欲召，恐其党不就，乃与萧相国谋，诈令人从帝所来，称豨已死，群臣皆贺。相国给信曰："虽病，强入贺。"信入，吕后使武士缚信，斩之长乐钟室[①]。信方斩，曰："吾不用蒯通计，反为女子所诈，岂非天哉！"遂夷信三族。

【注释】

①长乐钟室：长乐宫中悬钟之室。

【译文】

吕后想把韩信召来问罪，但恐怕他不肯就范，于是和萧相国商量此事，派人假装从高祖那里来，说陈豨已经死了，群臣都要去朝贺。萧相国欺骗韩信说："你虽然有病，还是要进宫去朝贺一下为好。"韩信一进宫，吕后便叫武士将韩信捆绑起来，把他斩杀在长乐宫的挂钟室。韩信在被斩时说："我没有采用蒯通的计策，反为一妇人所欺骗，这难道不是天意吗！"吕后诛灭了韩信三族。

【原文】

高祖已破豨归，至，闻信死，且喜且哀之，问曰："信死亦何言？"吕后道其语。高祖曰："此齐辩士蒯通也。"召欲亨之。通至自说①，释弗诛。

【注释】

①自说：自己解说。

【译文】

高祖镇压了陈豨的反叛后归来，到达京城，听说韩信已死，又是高兴又是怜悯，问道："韩信临死前说了些什么？"吕后把韩信说的话讲了一遍。高祖说："此人就是齐国的辩士蒯通。"高祖便把蒯通召来要烹死他。蒯通到了之后为自己做了解释，得到赦免，没有被杀掉。

【原文】

彭越字仲，昌邑①人也。常渔钜野泽②中，为盗。陈胜起，或谓越曰："豪桀相立畔③秦，仲可效之。"越曰："两龙④方斗，且待之。"

【注释】

①昌邑：县名，在今山东金乡西。

②钜野泽：在今山东巨野北。

③畔：通“叛”，背叛，叛变。

④两龙：指陈胜与秦。

【译文】

彭越，字仲，昌邑县人。常在钜野泽中打鱼，后来成了强盗。陈胜起事的时候，有人对彭越说：“天下豪杰都争相自立旗号，反叛秦朝，你彭仲也可以和他们一样去做。”彭越说：“两条龙刚刚相斗，暂且看一看情况吧。”

【原文】

居岁余，泽间少年相聚百余人，往从越，“请仲为长”，越谢不愿也。少年强请，乃许。与期[①]旦日日出时，后会者斩。旦日日出，十余人后，后者至日中。于是越谢曰：“臣老，诸君强以为长。今期而多后，不可尽诛，诛最后者一人。”令校长[②]斩之。皆笑曰：“何至是！请后不敢。”于是越乃引一人斩之，设坛祭，令徒属。徒属皆惊，畏越，不敢仰视。乃行略地，收诸侯散卒，得千余人。

【注释】

①期：约定。

②校长：军中一校之长。

【译文】

过了一年多，钜野泽中的青年聚集了一百多人，前去追随彭越，说“请你做首领”，彭越推辞不愿意干。青年们执意请求，彭越就答应了。跟大家约定次日太阳出来时集合，迟到的要杀头。第二天太阳出来的时候，有十多个人没到，最后一个人直到中午才来。于是，彭越抱歉地说：“我年纪大，你们强行推我做首领。今天到了约定的时间，但是还有很多人迟到，不能都杀，只杀最后到的一个。”于是，命令校长杀掉那个人。大家都笑着说：“何至于这样严厉！以后不敢违令就是了。”彭越仍然拉出最后到的那个人杀了，设坛用人头祭祀，对所属部下宣布命令。部属都很惊恐，畏惧彭越，不敢抬头看他。彭越就率众出发攻占地盘，收集诸侯军中逃散的士兵，最后得到一千多人。

【原文】

沛公之从砀①北击昌邑，越助之。昌邑未下，沛公引兵西。越亦将其众居钜野泽中，收魏败散卒。项籍入关，王诸侯，还归，越众万余人无所属。齐王田荣叛项王，汉②乃使人赐越将军印，使下济阴③以击楚。

【注释】

①砀：县名，在今河南夏邑东。

②汉：此字疑衍。

③济阴：郡名，治定陶（在今山东菏泽定陶区北），故梁地，后为郡。

【译文】

沛公从砀县向北攻打昌邑，彭越来协助他。昌邑没有攻下，沛公便带兵西进。彭越也率领他的部队留在钜野泽中，收集魏军败退的散兵。项羽进入关中，分封各路诸侯为王之后，回国去了，彭越部队一万多人没有归属。齐王田荣背叛项王，汉王便派人赐给彭越将军印信，要他从济阴南下攻打楚国。

【原文】

楚令萧公角将兵击越，越大破楚军。汉二年春，与魏豹及诸侯东击楚，越将其兵三万余人，归汉外黄①。汉王曰：“彭将军收魏地，得十余城，欲急立魏后。今西魏王豹，魏咎从弟，真魏也。”乃拜越为魏相国，擅将兵，略定梁地②。

【注释】

①外黄：县名，在今河南兰考东南。

②略定：攻克平定。梁地：今河南开封等地区。

【译文】

楚国命令萧公角率兵迎击彭越，彭越大败楚军。汉高祖二年春，汉王与魏王豹和诸侯向东攻打楚国，彭越率领他的士兵三万余人，在外黄归附汉王。汉王说：“彭将军攻占魏地，得到十多个城邑，想立即拥立魏国的后代。现今西魏王豹，是魏王咎的堂弟，是真正的魏国后代。”便任命彭越为魏国的相国，专掌兵权，平定梁地。

【原文】

陈豨反代地，高帝自往击之，至邯郸①，征兵梁。梁王称病，使使将兵诣邯郸。高帝怒，使人让②梁王。梁王恐，欲自往谢。其将扈辄曰：“王始不往，见让而往，往即为禽，不如遂发兵反。”梁王不听，称病。梁太仆有罪，亡走汉，告梁王与扈辄谋反。于是上使使掩捕梁王，囚之雒阳。有司治反形已具，请论如法。

【注释】

①邯郸：县名，今河北邯郸。

②让：责备。

【译文】

陈豨在代地反叛，汉高祖亲自去讨伐，到达邯郸，向梁王彭越征兵。彭越声称有病，派部将率兵到邯郸。汉高祖发怒，派人责备彭越。彭越害怕，要亲自前去请罪。他的将领扈辄说："大王开始不去，受到责备后才去，去到那里就会被擒拿，不如就此发兵造反。"彭越不听，仍然说自己有病。梁王的太仆犯了罪，逃到汉高祖那里，告发彭越与扈辄谋反。于是汉高祖派使者突然偷袭抓捕了彭越，把他囚禁在洛阳。经过主管官吏严厉审查，认为已经构成了谋反的罪状，请求依法判决。

【原文】

上赦以为庶人，徙蜀青衣①。西至郑②，逢吕后从长安东，欲之雒阳，道见越。越为吕后泣涕，自言亡罪，愿处故昌邑。吕后许诺，诏与俱东。至雒阳，吕后言上曰："彭越壮士也，今徙之蜀，此自遗患，不如遂诛之。妾谨与俱来。"于是吕后令其舍人告越复谋反。廷尉奏请，遂夷③越宗族。

【注释】

①蜀：郡名，治成都（今四川成都）。青衣：县名，今四川乐山北。

②郑：县名，今陕西渭南华州区。

③夷：诛灭。

【译文】

皇帝赦免了他，降为平民，流放到蜀郡青衣县。押送他西行到郑地的路上，遇吕后从长安东来，要去洛阳。彭越向吕后哭泣，诉说自己无罪，希望能流放到自己的故乡昌邑。吕后答应了，令他一起东去。到了洛阳，吕后告诉皇帝说："彭越是个壮士，如果把他流放到蜀地，这是给自己留下祸患，还不如现在就把他杀了。我已经让他一道回来了。"于是，吕后就让彭越的家臣告发他再次谋反。经廷尉奏请皇帝后，诛灭了彭越及其宗族。

名师点评

韩信是汉初卓越的军事家。未成名前他不被楚汉双方重视，曾数次献策项羽，均未被采纳。这是因为韩信武力低下，没有战功却建言军事，项羽有理由怀疑韩信是赵括类"纸上谈兵"式的人物。"千里马常有，而伯乐不常有。"归汉后，是刘邦手下的将军夏侯婴和丞相萧何等极力推荐，刘邦才关注到韩信的军事才华，韩信才有了在楚汉相争的军事战争中大放异彩的机会。特别值得一提的是夏侯婴，推荐的韩信成了自己的上级，他能服从命令听指挥，这种不居功自傲、顾全大局的品质值得后人借鉴。

彭越是一个具有指挥能力的帅才。他治军严明、恩威并重，对部队有着高度的掌控力。他发扬光大的游击战术在楚汉相争中战绩辉煌。尤其是利用游击战将队伍化整为零的战术，致使项羽虽曾数次击败彭越军队，但是彭越军队始终不散。彭越在战争年代勤勤恳恳，却在和平年代有所懈怠，导致家族的覆亡。以史为鉴，凡事都要谨言慎行，避过少祸。

延伸/阅读

高风亮节的介子推

介子推又名介之推，后人尊称他为介子。他不慕虚名，留下许多故事被人们传颂，如“割股奉君”“功不言禄”“功成身退”等。历代文人有大量吟咏缅怀他的诗篇。

介子推是春秋时期晋国的大臣。晋献公的妃子骊姬，为了让自己儿子奚齐继承王位，设下毒计害死太子申生，又要加害其他几位公子。公子重耳为了躲避祸害，被迫带着一批谋臣武将流亡出走，介子推也在其中。他们的流亡生活非常艰苦，时常风餐露宿，断炊绝粮，还饱受冷遇和屈辱。但是他们始终同甘共苦，为早日返回祖国齐心奋斗。

十九年后，重耳一行人在秦国的帮助下终于回国。就在横渡黄河，即将踏上晋国土地的时候，一个叫狐偃的谋士，将祭祀用的璧玉（象征国家政权）还给重耳说：“我跟随你几乎走遍天下，犯过许多错误，为了回国后免遭杀戮，还是让我远离吧。”重耳马上明白了他的言外之意，这是狐偃怕回国后得不到重用和封赏才这样做的，于是面对黄河发誓说：“如果我回国即位，不与你共同处理国政，就渡不过黄河，让河伯作证！”说罢，把璧玉抛入河中。介子推恰好站在船上，暗笑道：“是上天保佑重耳继承王位，狐偃还以为是他的功劳，邀功求赏，实在可耻，我怎么能与这种人共事！”他鄙夷这种贪图富贵的人，急流勇退，渡河后不辞而别。

重耳回国后，做了国君，即晋文公，然后论功行赏。随从他流亡的人员，功劳大的封给县邑，功劳小的也赐予尊爵。未及赏遍，周王室发生了内乱，晋文公忙着处理，把封赏介子推的事给忘了。介子推对母亲说："晋献公一共九个儿子，现在只有重耳一人在世，这说明上天不绝晋祀。窃人之财，尚称之为盗，更何况贪天之功为己力呢？下面的人冒功邀赏，上面的人对欺世盗名者还加以赏赐，上下互相欺蒙，我实在难和他们相处。"母亲想考验他是不是真的不求荣华富贵，就故意问道："你奔波效劳了十九年，何不也去求赏，像现在这样什么也得不到，又怨谁呢？"介子推说："明知错误而去效法，错误就更大了。我既然责怪了他们，就更不能要国君的俸禄了。"他母亲又说："那我们也应该让文公知道啊。"介子推说："我打算隐居起来，哪里还用得着这些？如果我去表白，就是追求名利。"他的母亲见儿子不求高官厚禄，志节高洁，非常高兴，母子二人上了绵山（今山西介休东南）。

介子推的随从为晋文公忘记封赏介子推叫屈，写了一封信挂在文公门前。上面写道："龙想上天的时候，有五条蛇帮助他；现在龙上天了，四条蛇有了归宿，唯独一条蛇尚无栖身之处。"文公看到，猛然醒悟，说："这一定是指介子推，我只顾为周王室的事焦虑，忘了给他封赏。"于是，马上派人找介子推入宫。得知介子推已经与他的母亲归隐山林后，文公深感内疚，就将绵山周围的土地封给介子推，作为他的封田，并改绵山为介山，以此来弥补自己的过失。

还有一种传说，说晋文公亲往绵山访求介子推，竟找不到介子推的踪迹，于是放火烧林，想逼介子推出山。介子推宁死不出，被烧死在枯柳之下。文公抚木哀悼，命人用此树做一副木屐，每当想起介子推时就责备自己："足下，我太对不起你了。"从此，"足下"一词就成了对别人的尊称。

晋文公还下令禁止在介子推祭日生火煮食，只准吃凉食，这就是寒食节的来历。这些传说，体现了千百年来人们对介子推的崇敬之情。

学海/拾贝

☆ 狡兔死，良狗亨。

☆ 智者千虑，必有一失；愚者千虑，亦有一得。

☆ 大王之入武关，秋毫亡所害，除秦苛法，与民约，法三章耳，秦民亡不欲得大王王秦者。

萧何曹参传

名师导读

萧何，西汉开国功臣、政治家，“汉初三杰”之一。早年任沛县主吏掾，秦末辅佐沛公刘邦起义。楚汉之争时，他留守关中，打造汉军的坚固后方，不断输送士卒、粮饷支援前方作战，对刘邦战胜项羽、建立汉朝作用重大。高帝十一年（公元前196年）协助高祖消灭韩信、英布等异姓诸侯王。高祖死后，萧何辅佐惠帝。惠帝二年（公元前193年）卒，谥号“文终侯”。

曹参，西汉开国功臣，名将，是继萧何后西汉的第二位丞相。秦二世元年（公元前209年），跟随刘邦在沛县起兵反秦，身经百战，屡建战功。刘邦称帝后，对有功之臣论功行赏，曹参功居第二，赐爵平阳侯。汉惠帝时官至丞相，一直遵守萧何的规定不变更，有“萧规曹随”的典故。

【原文】

萧何，沛人也。以文毋害为沛主吏掾[①]。高祖为布衣时，数以吏事护高祖。高祖为亭长，常佑之。高祖以吏繇[②]咸阳，吏皆送奉钱三[③]，何独以五[④]。

【注释】

① 文毋害：能写文书而没有疵病。主吏掾：县令的属吏。

②繇：差役。

③送奉钱三：赠送三百钱资助刘邦。

④以五：赠送五百钱。

【译文】

萧何，沛县人。因能写文书没有疵病当了沛县主吏掾。汉高祖为平民的时候，萧何多次以官吏的身份保护他。高祖当了亭长，萧何还是经常帮助他。高祖以官吏的身份到咸阳服差役，同僚都送钱三百资助他，唯有萧何送他五百。

【原文】

秦御史监郡①者，与从事②辨之。何乃给泗水卒史事③，第一④。秦御史欲入言征何，何固请⑤，得毋行。

【注释】

①监郡：监察郡县。

②从事：御史的属官。

③泗水：郡名，治相县（在今安徽淮北西）。卒史：小吏。

④第一：谓考核成绩最好。

⑤固请：坚持请求（不调走）。这里是坚决辞谢之意。

【译文】

秦御史前来监察郡事，萧何与其随员办理公务有条不紊。于是萧何被授予泗水郡卒史一职，公务考核名列全郡第一。秦御史想入朝谏言调萧何进京，萧何再三辞谢，才未被调走。

【原文】

及高祖起为沛公，何尝为丞[①]督事。沛公至咸阳，诸将皆争走金帛财物之府分之，何独先入收秦丞相御史律令图书臧之[②]。沛公具知天下厄塞，户口多少，强弱处，民所疾苦者，以何得秦图书也。

【注释】

①丞：官名，长官的助手。

②丞相御史：指丞相与御史大夫两府。臧：同“藏”，收存。

【译文】

高祖起兵称沛公，萧何曾任县丞，督办诸事。沛公进入咸阳，诸位将领都争相跑到府库瓜分金银财物，只有萧何首先入宫收取秦丞相、御史府的律令文书加以保存。沛公能够全面掌握天下要塞、户口多少、各地的贫富强弱情况、百姓生活疾苦的状况，都是因为萧何收缴的这批秦朝文书档案。

【原文】

汉五年，已杀项羽，即皇帝位，论功行封，群臣争功，岁余不决。上以何功最盛，先封为酂[①]侯，食邑八千户。功臣皆曰：“臣等身被坚执兵[②]，多者百余战，少者数十合，攻城略地[③]，大小各有差。今萧何未有汗马之劳，徒持文墨议论，不战，顾[④]居臣等上，何也？”

【注释】

①酂：县名，在今湖北丹江口市东南。

②被坚执兵：披着铠甲，拿着武器。

③攻城略地：攻占城市，掠夺土地。略，抢，掠夺。

④顾：犹“反”。

【译文】

汉高祖五年（公元前202年），汉王打败了项羽，即位称帝，评议功劳进行封赏，群臣相互争功，一年多的时间仍议而不决。皇上以萧何功劳最高，封为酂侯，封赏食邑八千户。功臣们都说：“我们身披坚甲、手拿兵器去冲锋陷阵，多的身经百战，少的交锋数十个回合，攻占城池、夺取土地，功劳大小各自不等。如今萧何没有汗马功劳，只是舞文弄墨，动动嘴皮，并没有作战，地位反而在我等之上，这是什么原因？”

【原文】

上曰：“诸君知猎乎？”曰：“知之。”“知猎狗乎？”曰：“知之。”上曰：“夫猎，追杀兽者狗也，而发纵[①]指示兽处者人也。今诸君徒能走得兽[②]耳，功狗也；至如萧何，发纵指示，功人也。且诸君独以身从我，多者三两人，萧何举宗数十人皆随我，功不可忘也！”群臣后皆莫敢言。

【注释】

①发纵：指示，指挥调度。

②得兽：犹言抓到猎物。

【译文】

皇上说：“诸位将军知道打猎吗？”众人回答：“知道。”皇上又问：“知道猎狗吗？”众人回答：“知道。”皇上说：“打猎，追杀野兽的是狗，而放开狗绳，指示野兽在何处的是人。今天诸位只能追捕野兽，功劳与猎狗类似；至于萧何，放开狗绳，指示猎取目标，功劳与猎人其实是一样的。而且各位都是独自一个人跟随我，最多的一家也只有两三个人从军，而萧何全族数十人都跟随我，这个功劳是不可忘记的！”群臣后来再也不敢多说什么了。

【原文】

列侯毕已受封，奏位次，皆曰：“平阳侯曹参身被七十创，攻城略地，功最多，宜第一。”上已桡[①]功臣多封何，至位次未有以复难之，然心欲何第一。

【注释】

①桡：屈也。这里是委屈之意。

【译文】

列侯封赏完毕，上报名次，都说：“平阳侯曹参身受七十处创伤，攻城略地，功劳最多，应该排在第一位。”皇上委屈了功臣而多封赏萧何，在位次上就不好再使他们难堪，但其实心里还想列萧何为第一。

【原文】

关内侯[①]鄂（千）秋时为谒者，进曰：“群臣议皆误。夫曹参虽有野战略地之功，此特一时之事。夫上与楚相距五岁，失军亡众，跳身[②]遁者数矣，然萧何常从关中遣军补其处。非上所诏令召，而数万众会上乏绝者数矣。夫汉与楚相守荥阳数年，军无见粮[③]，萧何转漕关中，给食不乏。陛下虽数亡山东，萧何常全关中待陛下，此万世功也。今虽无曹参等百数，何缺于汉？汉得之不必待以全。奈何欲以一旦之功（而）加万世之功哉！萧何当第一，曹参次之。”

【注释】

①关内侯：秦爵名，处于第十九级。

②跳身：轻身走出。

③无见粮：谓缺粮。见，同“现”，现存。

【译文】

关内侯鄂千秋当时任谒者，上前进言说：“群臣说得都不对。曹参虽有攻城略地之功，但这只是一时的事。皇上与楚军相持五年的时间，损失兵力、伤亡士兵，多次只身逃离险境，而萧何常常从关中派遣兵员补充缺额解除困境。其实这些都不是皇上下令叫他去干的，而关中数万之众开赴前线的时候正好是皇上兵尽粮绝的危急时刻，这样的情形发生过很多次。汉军与楚军在荥阳对峙数年，军无存粮，萧何从水路运送关中粮饷，军粮供给从不缺乏。陛下虽然多次丢失关中以东的大片土地，而萧何总是能保全关中成为陛下可靠的后方基地，这是万世不朽的大功劳。今天即使少了上百个曹参这样的人，对于汉朝又有什么损失呢？汉室得到他们也未必能保全下来。怎么能让一时的功劳凌驾在万世的功劳之上呢！萧何应当排第一，曹参居次位。”

【原文】

上曰：“善。”于是乃令何第一，赐带剑履上殿①，入朝不趋②。上曰：“吾闻进贤受上赏，萧何功虽高，待鄂君乃得明。”于是因鄂（千）秋故所食关内侯邑二千户，封为安平侯。是日，悉封何父母兄弟十余人，皆食邑③。乃益封何二千户，“以尝繇咸阳时何送我独赢④钱二也”。

【注释】

①赐带剑履上殿：古时上殿朝见皇帝，必须解剑脱鞋，所以赐带剑履上

殿是特殊优待。

②不趋：不俯身快走。

③食邑：古代君主赐予臣下作为世禄的封地。

④赢：犹多。

【译文】

皇上说："真是妙论啊。"便让萧何名列第一，特许带剑、穿鞋上殿进见，入朝时可以不按常礼俯身快走。皇上说："我听说推荐贤人的人接受上等赏赐，萧何功劳虽然高，但经过鄂君的申辩后更加明显了。"于是在鄂秋原来享受关内侯食邑两千户的基础上，加封为安平侯。这一天，萧何父母兄弟十余人，全都受封赏，都有食邑。皇上又加封萧何两千户，"用来报答过去到咸阳服役时只有萧何比别人多送我二百钱的恩情"。

【原文】

陈豨反，上自将，至邯郸。而韩信谋反关中，吕后用何计诛信。……上已闻诛信，使使拜丞相为相国，益封五千户，令卒五百人一都尉为相国卫①。诸君皆贺，召平独吊②。

【注释】

①卫：护卫。

②吊：吊丧。这里是表示悲伤之意。

【译文】

陈豨谋反，皇上御驾亲征，到达邯郸。韩信在关中又谋反，吕后采纳萧何的计策杀掉了韩信。……皇上听到杀死韩信的消息后，派使者拜丞相为相国，增封食邑五千户，派士兵五百人、都尉一名为相国卫队。诸君都恭贺，只有召平表示哀悼。

【原文】

召平者，故秦东陵侯。秦破，为布衣，贫，种瓜长安城东，瓜美，故世谓“东陵瓜”，从召平始也。平谓何曰：“祸自此始矣。上暴露于外，而君守于内，非被矢石之难[1]，而益君封置卫者，以今者淮阴[2]新反于中，有疑君心。夫置卫卫君，非以宠君也。愿君让封勿受，悉以家私财佐军。”何从其计，上说。

【注释】

①矢石之难：指战争中的危难。矢石，箭和石，古代作战的武器。

②淮阴：指淮阴侯韩信。

【译文】

召平，原秦东陵侯。秦亡后，成了平民百姓，家贫，在长安城东种瓜，因瓜甜美，故世人所说的“东陵瓜”，即源于召平的封号。召平对萧何说：“祸患从此开始了。皇上露宿在外，而阁下留守朝中，没有遭受战场上生死伤残的危险，却加封阁下并派出卫队保护，是因为淮阴侯韩信刚刚在朝中谋反，皇上有怀疑阁下之心。皇上设卫队护卫您，并非恩宠阁下。希望阁下能够谢绝封赏，把全部的家财献出来去资助军队。”萧何听从了他的计策，皇上大为高兴。

【原文】

其秋，黥布反，上自将击之，数使使问相国何为。曰：“为上在军，拊循勉百姓，悉所有[1]佐军，如陈豨时。”

【注释】

①悉所有：谓以全部物资。

【译文】

这年的秋天，淮南王英布谋反，皇上亲率大军征讨，期间又多次派使者打听萧相国在干什么。使者回报说："由于皇上在军中，所以相国在京城安抚劝勉百姓，拿出财产资助军需，和平定陈豨反叛时一样。"

【原文】

客又说何曰："君灭族不久矣。夫君位为相国，功第一，不可复加。然君初入关，本得百姓心，十余年矣。皆附君，尚复孳孳①得民和。上所谓数问君，畏君倾动关中。今君胡②不多买田地，贱贳贷以自汙③？上心必安。"于是何从其计，上乃大说。

【注释】

①孳（zī）孳：意思是勤勉的，孜孜。

②胡：何也。

③贳贷：赊贷。自汙：谓自己败坏自己的名声。

【译文】

一位客卿来劝萧何说："阁下离灭族之祸不远了。阁下任职相国，功劳第一，到了无以复加的地步。然而阁下当初入关，原已深得百姓之心，十多年了。百姓都敬佩并依附阁下，而您还要孜孜不倦地办事，求得百姓由衷的爱戴。皇上之所以多次询问阁下的情况，是害怕阁下控制关中，动摇汉室。现在阁下何不多买田地，低息借贷以玷污自己的名声？这样皇上一定就会放心了。"于是，萧何听从其计，皇上大为高兴。

【原文】

上罢布军归，民道遮行①，上书言相国强贱买民田宅数千人。上

至，何谒。上笑曰："今相国乃利民[②]！"民所上书皆以与何，曰："君自谢[③]民。"

【注释】

①道遮行：拦路。

②利民：谓夺利于民。

③谢：这里是谢罪之意。

【译文】

皇上撤回讨伐英布的大军回到长安，百姓拦路上书，告相国强制低价购买其田宅的达数千人。皇上回朝，萧何拜见。皇上笑着说："如今相国可谓夺利于民！"把百姓所上之书全都交给萧何，说："你自己向百姓谢罪吧。"

【原文】

后何为民请曰："长安地狭，上林[①]中多空地，弃[②]，愿令民得入田[③]，毋收稾[④]为兽食。"上大怒曰："相国多受贾人[⑤]财物，为请吾苑！"乃下何廷尉，械系[⑥]之。

【注释】

①上林：上林苑。

②弃：荒芜之意。

③田：谓种田。

④稾：禾秆。

⑤贾人：商人。

⑥械系：用脚镣手铐等刑具拘禁。

【译文】

后来，萧何为民请求说："长安地面狭窄，上林苑中有许多空地废弃不种，希望让百姓入内开垦种田，不要收取禾秆、麦秸用来做禽兽的饲料。"皇上大怒说："你接受了很多商人的钱财，竟来替他们求取我的上林苑！"于是把萧何交付廷尉，戴上镣铐关押起来。

【原文】

数日，王卫尉[①]侍，前问曰："相国胡大罪，陛下系之暴也？"上曰："吾闻李斯相秦皇帝[②]，有善归主，有恶自予。今相国多受贾竖[③]金，为请吾苑，以自媚于民。故系治之。"

【注释】

①王卫尉：卫尉王氏，不知其名。

②秦皇帝：指秦始皇。

③贾竖：旧时对商人的贱称。

【译文】

过了数日，一个姓王的卫尉侍奉皇上，上前问道："相国到底犯了什么大罪，陛下要如此严厉地将他铐起来关押他？"皇上说："我听说李斯给秦始皇当丞相，有了好事归皇帝，事情办坏了自己承担罪名。现在相国收受那帮奸商的贿赂，替他们求取我的上林苑，用以讨好民众。因此将他铐起来关押他。"

【原文】

王卫尉曰："夫职事苟有便于民而请之，真宰相事也。陛下奈何乃疑相国受贾人钱乎！且陛下距楚数岁，陈豨、黥布反时，陛下

自将往，当是时相国守关中，关中摇足[①]则关西非陛下有也。相国不以此时为利，乃利[②]贾人之金乎？且秦以不闻其过亡天下，夫李斯之分过[③]，又何足法哉！陛下何疑宰相之浅也！”上不怿[④]。

【注释】

①摇足：变动之意。

②利：贪图。

③分过：分担过错。

④怿（yì）：喜悦。

【译文】

王卫尉说：“承担公务使命后，有利于百姓的就请命，是宰相真正的分内事。陛下怎么能怀疑相国受贿于商人呢！况且陛下过去抗拒楚军数年，在陈豨、英布反叛的时候，陛下亲自率领军队出征，那时相国守住关中，只要他在关中稍有举动，那么关西自然就不归陛下所有了。相国不在那时谋大利，难道现在会贪图商人的几个小钱？再说秦是因为听不到自己的过失才失去天下的，李斯的这种分担过错，又有什么值得效法的呢！陛下何至于把宰相看得如此浅薄！”皇上心里不快。

【原文】

是日，使使持节赦出何。何年老，素恭谨，徒跣[①]入谢。上曰：“相国休矣！相国为民请吾苑不许，我不过为桀纣[②]主，而相国为贤相。吾故系相国，欲令百姓闻吾过。”

【注释】

①徒跣：光着脚，表示认罪。

②桀纣：桀和纣，相传都是暴君。泛指暴君。

【译文】

这一天，派使者带上凭证从狱中放出了萧何。萧何年老，向来恭谨，便赤脚上朝谢罪。皇上说："相国算了吧！相国为百姓请求上林苑而我不准，我不过是桀纣一样的君主，而相国却是贤相啊。我故意关押相国，是想让百姓了解我的过失。"

【原文】

高祖崩，何事惠帝。何病，上亲自临视何疾，因问曰："君即百岁[①]后，谁可代君？"对曰："知臣莫如主。"帝曰："曹参何如？"何顿首曰："帝得之矣。何死不恨[②]矣！"

【注释】

①百岁：谓死，死的避讳说法。

②恨：这里是遗憾之意。

【译文】

高祖驾崩，萧何事奉惠帝。萧何病重，惠帝亲自去探视萧何的病情，问道："您要是百岁后，谁可以接替您？"萧何回答说："知臣之人莫过于君主。"惠帝说："曹参怎么样？"萧何叩头说："陛下得到了最好的人选。我没有遗憾了！"

【原文】

何买田宅必居穷辟处，为家不治垣屋[①]。曰："令后世贤，师[②]吾俭；不贤，毋为势家所夺。"

【注释】

①垣屋：围墙。

②师：效法。

【译文】

萧何买田宅必在穷苦偏僻之地，建造住房不修院墙。他说："子孙后代如果贤能，要效法我的节俭；没有贤德的话，也不要被权势之家所抢夺。"

【原文】

曹参，沛人也。秦时为狱掾[1]，而萧何为主吏，居县为豪吏[2]矣。高祖为沛公也，参以中涓[3]从。击胡陵、方与[4]，攻秦监公[5]军，大破之，东下薛[6]，击泗水守军薛郭西[7]。复攻胡陵，取之。徙守方与。方与反为魏[8]，击之。丰[9]反为魏，攻之。赐爵七大夫[10]。

【注释】

①狱掾：掌管刑狱的小吏。

②豪吏：有一定的地位和声望的官吏。

③中涓：侍从之臣。

④胡陵：县名，在今山东鱼台东南。方与：县名，在今山东鱼台西。

⑤监公：监泗水郡的御史，名平。"公"乃尊称。

⑥薛：县名，在今山东微山东北。

⑦泗水：郡名，治相县（在今安徽淮北西）。守军：郡守所率之军。

⑧魏：指秦末魏王魏咎。

⑨丰：邑名，在今江苏丰县。

⑩七大夫：秦爵名，第七级。

【译文】

曹参，沛县人。秦朝时是沛县的狱吏，当时萧何做主吏，他们在县里都很有威望。汉高祖还是沛公时，曹参以中涓的身份跟随高祖。曹参率军进击胡陵、方与，攻打秦朝郡监的军队，大破秦军，向东攻下薛县，于薛县外城西面进击泗水郡守的军队。曹参再次攻打胡陵，占领了县城。曹参转移去镇守方与县。而方与县已经反叛投降了魏王，曹参就进击方与。丰邑也反叛降魏，曹参又去攻打丰邑。沛公赐给曹参七大夫的爵位。

【原文】

北击司马欣军砀东[1]，取狐父、祁善置[2]。又攻下邑[3]以西，至虞[4]，击秦将章邯[5]车骑。攻辕戚及亢父[6]，先登。迁为五大夫[7]。北救东阿[8]，击章邯军，陷陈，追至濮阳[9]。

【注释】

①司马欣：秦将，后降于项羽。砀：县名，在今安徽砀山。

②狐父：邑名，在今安徽砀山南。祁：邑名，在今安徽砀山西北。善置：驿站名，属于祁。

③下邑：县名，在今安徽砀山东。

④虞：县名，在今河南虞城北。

⑤章邯：秦将，后投降于项羽。

⑥辕戚：县名，在今山东嘉祥南。亢父：县名，在今山东济宁南。

⑦五大夫：秦爵名，第五级。

⑧东阿：邑名，在今山东阳谷东北之阿城镇。

⑨濮阳：县名，在今河南濮阳西南。

【译文】

曹参向北在砀县东面进击秦将司马欣的军队，夺取了狐父和祁县的善置驿。又进军下邑以西，打到虞县，进攻章邯的车骑部队。攻打辕戚和亢父时，曹参首先登上城楼。被升为五大夫。他向北援救东阿县，进击章邯的军队，攻陷了陈县，追击章邯的败军到濮阳。

【原文】

攻定陶[①]，取临济[②]。南救雍丘[③]，击李由[④]军，破之，杀李由，虏秦候[⑤]一人。章邯破杀项梁也，沛公与项羽引兵而东。楚怀王以沛公为砀郡[⑥]长，将砀郡兵。于是乃封参执帛[⑦]，号曰建成君。迁为戚公[⑧]，属砀郡。

【注释】

①定陶：县名，在今山东菏泽定陶区西北。

②临济：县名，在今河南封丘东。

③雍丘：县名，在今河南杞县。

④李由：秦三川郡守，李斯之子。

⑤候：军候，武职名。

⑥砀郡：郡治砀县（在今安徽砀山南）。

⑦执帛：战国时楚国的爵名。

⑧迁：调动官职。戚公：戚县的县令。

【译文】

攻打定陶，夺取临济。他向南援救雍丘，攻破了李由的军队，杀死李由，俘虏了秦军的一个军候。这时秦将章邯打垮了项梁的部队，杀死了项梁，沛公和项羽领军东去。楚怀王命沛公为砀郡长，统率砀郡的军队。于是沛公便授予曹参执帛的爵位，号称建成君。后又提升他为戚县县令，隶属砀郡。

【原文】

孝惠元年，除诸侯相国法，更以参为齐丞相。参之相齐，齐七十城。天下初定，悼惠王富于春秋①，参尽召长老诸先生②，问所以安集③百姓。而齐故诸儒以百数，言人人殊，参未知所定。闻胶西④有盖公，善治黄老言⑤，使人厚币请之。既见盖公，盖公为言“治道贵清静而民自定”⑥，推此类具言之。参于是避正堂，舍盖公焉。其治要用黄老术，故相齐九年，齐国安集，大称贤相。

【注释】

①富于春秋：谓年轻。

②长老诸先生：长老和各位读书人。有蒯通、东廓先生、梁石君等。

③安集：安定聚合。

④胶西：郡名，治高密（在今山东高密西）。

⑤黄老言：指道家的学说。

⑥治道贵清静而民自定：《老子》五十七章有“我好静而民自正”句。

【译文】

汉惠帝元年（公元前194年），废除了诸侯国设置相国的规定，朝廷改命曹参为齐国丞相。曹参做齐国丞相，统辖齐国七十座城邑。天下刚刚平定，齐悼惠王年纪轻，曹参把长老、读书人全部招来，询问安定百姓的办法。齐国原有的儒生数以百计，众说纷纭，曹参不知道应该采纳哪种意见。他听说胶西有位盖公，精习黄老学说，便派人带着厚礼把他请来。见到盖公以后，盖公对他说，治理国家的办法最好是清静无为且让百姓自行安定，依此类推细细论述。曹参于是让出正堂，请盖公住在里面。曹参治理齐国的纲领来自黄老学说，所以他当齐国的丞相九年，齐国百姓安居乐业，人们称他为贤相。

【原文】

萧何薨，参闻之，告舍人趣治行[①]，“吾且入相”。居无何，使者果召参。参去，属其后相曰：“以齐狱市为寄[②]，慎勿扰[③]也。”后相曰：“治无大于此者乎？”参曰：“不然。夫狱市者，所以并容也，今君扰之，奸人安所容乎？吾是以先之。”

【注释】

①舍人：王公贵族的门客。趣：同“促”，催促。治行：整理行装。

②狱市：指刑狱与集市。寄：托付。

③慎勿扰：意谓谨慎稳当而不可粗暴干扰，以免出岔子。

【译文】

萧何去世，曹参听说讣闻后，催促门客整理行装，“我要到朝廷当相国去了”。不久，朝廷使者真的来召唤曹参。曹参离开时，叮嘱后任丞相说：“齐国的刑狱和集市就托付给你了，对这些地方要谨慎，不要去干扰它们。”后任丞相说：“治理国家的事就没有比这更重要的吗？”曹参说：“不能这样看。因为刑狱和集市，是善恶都可以容纳的处所，如果你干扰它，坏人到哪里容身呢？因此我把这方面的事摆在头等位置上。”

【原文】

始参微时[①]，与萧何善，及为宰相，有隙。至何且死，所推贤唯参。参代何为相国，举事[②]无所变更，一遵何之约束。

【注释】

①微时：微贱之时。
②举事：犹言行事。

【译文】

曹参身份低微的时候，跟萧何要好，等到后来做了宰相，便有了隔阂。而萧何临终时，向皇上推荐的贤臣却只有曹参。曹参代替萧何做了汉朝的相国，办事无所变更，完全遵循萧何制定的法令。

【原文】

参为相国三年，薨，谥曰懿侯。百姓歌之曰："萧何为法，讲若画一①；曹参代之，守而勿失。载其清靖②，民以宁壹③。"

【注释】

扫码看视频

①讲若画一：协调，整齐如一。讲，颜注"讲，和也"。
②载其清靖：谓行其清静之治。载，行也。靖，安定。
③宁壹：安定统一。

【译文】

曹参做汉朝相国三年，去世后，谥为懿侯。百姓歌颂曹参说："萧何制定法度，平和明确，整齐划一；曹参接替，坚守而不变更。执行其清静无为的政策，百姓得安宁。"

【原文】

赞曰：萧何、曹参皆起秦刀笔吏①，当时录录②未有奇节。汉兴，依日月之末光③，何以信谨守管籥④，参与韩信俱征伐。天下既定，因

民之疾[5]秦法，顺流与之更始，二人同心，遂安海内。淮阴、黥布等已灭，唯何、参擅功名，位冠[6]群臣，声施后世，为一代之宗臣，庆流苗裔，盛矣哉！

【注释】

①刀笔吏：指办理文书的小吏。

②录录：同“碌碌”，平庸。

③依日月之末光：意谓适值汉初兴的时机。

④管籥（yuè）：比喻事情的关键。这里指朝廷。

⑤疾：憎恶。

⑥位冠：谓居于首位。

【译文】

后人评价说：萧何、曹参都是秦朝小吏出身，当时平凡而没有任何惊世的节操。汉朝兴起之时，萧何凭着忠信谨慎守卫朝廷，曹参与韩信一同南征北战。天下平定以后，顺从百姓痛恨秦朝苛刻法令的心情，适应形势需要实行一定的变革，二人齐心协力辅佐刘邦，使天下得以安定。淮阴侯韩信、英布等人已被诛灭，只有萧何、曹参依靠功勋声望，位冠群臣，流芳后世，成为后人敬仰的名臣贤相，恩泽后代，真是兴盛啊！

名师点评

萧何是汉初三杰之一，是秦汉之际顶层精英。萧何具有远见卓识：刘邦攻下咸阳，众人专注财货、女人，他却为将来夺取天下、治理国家收集此地的地图、户籍、物产、法律、诏令等物。萧何善识人才：他在刘邦卑微时，向名人吕公引荐刘邦，为刘邦后来的发展攀上了政治的一级台阶；他月下追韩信，力荐韩信为汉军统帅，最终助汉一统天下。萧何务实忠诚，他在楚汉相争中，安定后方，促进民生，给刘邦提供兵源及物资，为战胜项羽立下殊勋。萧何公而忘私的精神值得大力提倡。

曹参文武双全，不仅识人而且识己。最为著名的例子是萧何去世消息传来，曹参吩咐门客收拾行装准备进京接替萧何为相。不久，相关圣旨果然下达。曹参接任后，仍守萧规，汉惠帝对此不满。曹参问惠帝你与汉高祖谁更强，惠帝说我不如。曹参再问我与萧何谁的能力高，惠帝说你不如。曹参说既然如此我们按既定方针办不是更好吗？既能看到别人的长处，也能认识自己的不足，这是人所难及的大智慧。曹参为那些上任伊始就想大捞政治资本，结果劳民伤财的官员提供了一面镜子。

延伸/阅读

一代贤相诸葛亮

三国时期，蜀国的丞相诸葛亮是很有智谋的军事家和政治家，他对蜀主刘备非常忠心，因此深得刘备的信任和重用。刘备临终前将诸葛亮叫到身边，说：“你的才能是曹丕的十倍，是不可多得的治国安邦的人才。我就将刘禅托付给你了，我的儿子能辅佐就辅佐，实在不成器，那就不要顾及情面，你就取而代之吧！”

刘备死后，刘禅即位。诸葛亮用尽全力辅佐刘禅治理国家，可是生性懦弱的刘禅整天只知吃喝玩乐，根本没有心思打理朝政。尚书令李严见状，劝诸葛亮进爵称王，诸葛亮却非常严肃地对他说：“先帝将幼主托付给我，是对我的信任，他如此器重我，让我做丞相，我怎能在讨伐曹魏大事还未成功之时，就妄自加官进爵？那我岂不成了不忠不孝之人？”

诸葛亮治国治军一向以理服人，大公无私。参军马谡是他非常器重的一员大将，感情也非常深。但由于马谡违反军规，导致街亭失守，诸葛亮严守军规，挥泪将他斩首。马谡在临刑前给诸葛亮上书说：“虽死无恨于九泉。”

街亭的失守，导致赵云、邓芝也在箕谷打了败仗，诸葛亮承担了指挥不当的责任，主动上书连降三级为右将军。他还主动要求下属给他指出缺点和错误。他相信，只要认真吸取经验教训，那么事可定，胜利可望。

公元 234 年，诸葛亮由于积劳成疾，病死军中。他一生清贫，没有给自己的家人留下任何产业。

学海/拾贝

☆ 夫职事苟有便于民而请之，真宰相事也。

☆ 既见盖公，盖公为言“治道贵清静而民自定”，推此类具言之。

☆ 萧何为法，讲若画一；曹参代之，守而勿失。载其清靖，民以宁壹。

张良传

名师导读

张良是“汉初三杰”之一，祖先五代相韩。他深明韬略、足智多谋，在秦末农民战争中聚众归附刘邦，为其主要智囊。不久便游说项梁立韩贵族韩成为韩王，自己被封为韩司徒。张良以韩司徒的身份率军协助刘邦平定关中。刘邦西入武关后，又助其在峣关用计破敌；鸿门宴上帮助刘邦脱离险境；霸上分封时“为汉王请汉中地”。后韩王韩成被项羽杀害，张良复归刘邦，为其重要谋士。楚汉战争中张良提出不立六国后代，联结英布、彭越，重用韩信，歼灭楚军等策略，为刘邦完成统一大业奠定了坚实基础。刘邦称他“运筹帷幄之中，决胜千里之外”，可见其智谋和地位在汉军中不同一般。汉朝建立时封留侯，功成身退，千古流芳。

【原文】

张良字子房，其先韩①人也。大父开地②，相韩昭侯、宣惠王、襄哀王③。父平，相釐王、悼惠王④。

【注释】

①韩：国名，战国七雄之一。

②大父：祖父。开地：张良的祖父之名。

③韩昭侯：名武。公元前 362 年—前 333 年在位。宣惠王：在位二十一

年（公元前 332—前 312 年）。襄哀王：名仓。在位十六年（公元前 311—前 296 年）。

④釐（lí）王：名咎。在位二十三年（公元前 295—前 273 年）。悼惠王：韩桓惠王。在位三十四年（公元前 272—前 239 年）。

【译文】

张良，字子房，他的祖先是韩国人。祖父名开地，连任韩昭侯、宣惠王、襄哀王的宰相。父亲名平，任韩釐王和韩桓惠王的宰相。

【原文】

悼惠王二十三年，平卒。卒二十岁①，秦灭韩。良（年）少，未宦事②韩，韩破，良家僮③三百人，弟死不葬，悉以家财求客④刺秦王，为韩报仇，以五世相韩故⑤。

【注释】

①卒二十岁：指张平死后二十年，即公元前 230 年。

②宦事：做官。

③家僮：奴婢。

④客：这里指刺客。

⑤五世相韩：谓相韩五世（五君）。故：原因。

【译文】

桓惠王二十三年（公元前 250 年），张平去世。在他死后二十年，秦国灭了韩。当时张良年轻，不曾在韩国做官，韩国灭亡以后，张良家中还有奴仆三百人，弟弟死了不厚礼安葬，却以全部的家产寻求勇士谋刺秦王，替韩国报仇，因为他家为韩国五位君王做过宰相。

【原文】

良尝学礼淮阳[①]，东见仓海君[②]，得力士，为铁椎[③]重百二十斤。秦皇帝[④]东游，至博浪沙[⑤]中，良与客狙击秦皇帝，误中副车[⑥]。秦皇帝大怒，大索[⑦]天下，求贼急甚。良乃更名姓，亡匿[⑧]下邳。

【注释】

①淮阳：郡国名，治陈（今河南淮阳）。

②仓海君：当时一位隐士之号。

③铁椎（chuí）：铁锤。

④秦皇帝：秦始皇。

⑤博浪沙：地名，在今河南原阳东南。

⑥副车：属车，护从皇帝的车。

⑦索：搜索。

⑧亡匿：逃避，躲藏。

【译文】

张良曾经在淮阳学习礼制，还东游会见仓海君，找到了一位大力士，给大力士打了一个一百二十斤重的大铁锤。秦始皇巡游东方，到了博浪沙这个地方，张良和大力士伏击秦始皇，错误地击中随从的车。秦始皇大怒，在全国大肆搜捕，急于抓到刺客。张良便改名换姓，逃到下邳躲藏起来。

【原文】

良尝闲从容步游下邳圯[①]上，有一老父，衣褐[②]，至良所，直堕其履[③]圯下，顾谓良曰："孺子[④]下取履！"良愕然，欲欧[⑤]之。为其老，乃强忍，下取履，因跪进。父以足受之，笑去。良殊大惊。

【注释】

扫码看视频

①圯（yí）：桥。

②衣褐：穿着粗布短衣。

③直：特意。履：鞋子。

④孺子：小孩子。

⑤欧：与“殴”通，捶击。

【译文】

张良曾经得空漫步到下邳的桥上，有一个老人，穿着粗布短衣，走到张良的面前，故意把鞋子甩到桥下，又看着张良说：“小伙子，下去把我的鞋拾起来！”张良感到惊讶，想揍他一顿。因为看他年老，于是强忍住怒气，到桥下把鞋捡了上来，顺势跪着递给他。老人伸出脚去把鞋穿上，笑着扬长而去。张良极其惊讶。

【原文】

父去里所，复还，曰：“孺子可教矣。后五日平明，与我期①此。”良因怪（之），跪曰：“诺。”五日平明，良往。父已先在，怒曰：“与老人期，后，何也？去，后五日蚤②会。”五日，鸡鸣往。父又先在，复怒曰：“后，何也？去，后五日复蚤来。”五日，良夜半往。有顷③，父亦来，喜曰：“当如是。”

【注释】

扫码看视频

①期：约会。

②蚤：通“早”。

③有顷：过了一会儿。

【译文】

老人离开，约走了一里路，又返回，对他说道："孺子可教。五天后的拂晓，在这里等我。"张良就更加惊奇了，跪下来说："是。"五天后的拂晓，张良去到那里。老人已经先到了，他生气地说："跟老年人约会，反而后到，为什么？走吧，五天后早点儿来。"又过了五天，鸡刚叫张良就去了。老人却又先到那里了，他又生气地说："比我后到，怎么回事？走吧，五天后一定要早点儿来。"五天之后，张良半夜就去了。过了一会儿，老人也来了，老人高兴地说："就应该这样。"

【原文】

出一编书①，曰："读是则为王者师。后十年兴。十三年，孺子见我，济北穀城山下黄石即我已②。"遂去不见。旦日视其书，乃太公兵法③。良因异之，常习诵。

【注释】

①一编书：一册书。

②济北：郡名，治博阳（在今山东泰安东南）。穀城山：在今山东平阴县西南东阿镇东北五里。已：语终之辞。

③太公兵法：相传为姜太公所著的兵书。

【译文】

老人掏出一本书，说道："读了这本书，就可以做帝王的老师了。十年后你会成功。十三年以后，你来见我的时候，济北穀城山下的黄石就是我。"说完便离开了。天亮后张良看这本书，发现是《太公兵法》。他觉得这本书很不寻常，经常温习背诵。

【原文】

居下邳，为任侠[①]。项伯[②]尝杀人，从良匿。

【注释】

①任侠：讲义气，好打抱不平。

②项伯：项羽的叔父。

【译文】

张良在下邳居住时，仗义行侠。项伯曾经杀了人，在张良那里躲避。

【原文】

后十年，陈涉等起，良亦聚少年百余人。景驹自立为楚假王[①]，在留[②]。良欲往从之，行道遇沛公。沛公将数千人略地下邳，遂属焉。沛公拜良为厩将[③]。良数以太公兵法说沛公，沛公喜，常用其策。良为它人言，皆不省[④]。良曰："沛公殆天授[⑤]。"故遂从不去。

【注释】

①景驹：楚国贵族的后裔。假王：暂时代理之王。

②留：县名，在今江苏沛县东南。

③厩(jiù)将：主管马匹的军官。

④省：领悟。

⑤殆：几乎。天授：天才之意。

【译文】

过了十年，陈涉等人起义，张良也聚集了一百多个年轻人。当时景驹自立为代理楚王，王都设在留县。张良想去投靠，途中遇到了沛公。沛公这时率领几千人马刚刚攻占了下邳，张良便归附了他。沛公任命张良为管理马匹的厩将。张良多次用《太公兵法》向沛公献策，沛公很高兴，常常采用他的计策。张良向别人讲《太公兵法》，别人都不能领悟。张良说："沛公大概有天赋之才。"所以跟随沛公，不再离去。

【原文】

沛公之薛①，见项梁，共立楚怀王。良乃说项梁曰："君已立楚后，韩诸公子横阳君成②贤；可立为王，益树党③。"项梁使良求韩成，立为韩王。以良为韩司徒④，与韩王将千余人西略韩地，得数城，秦辄复取之，往来为游兵颍川⑤。

【注释】

①薛：县名，在今山东滕州东南。

②横阳君成：韩成，横阳君是封号。

③益树党：多建各派势力，共同反秦。这是张良当时的指导思想。益，增加。

④司徒：官名，等于丞相。

⑤颍川：郡名，治阳翟（在今河南禹州）。

【译文】

沛公来到薛邑，见到项梁，共同拥立楚怀王。张良劝项梁道："您已经拥立了楚王的后代，而韩国的公子中横阳君韩成贤能；可以立为王，这样更能培植同盟的势力。”项梁就派张良找到韩成，立他为韩王。以张良作为韩国的司徒，和韩王一起率领一千多人向西攻取韩国原来的领地，夺得了几座城邑，但秦军立即又夺了回去，这样韩军只能在颍川一带游击作战。

【原文】

沛公之从雒阳南出轘辕①，良引兵从沛公，下韩十余城，击杨熊②军。沛公乃令韩王成留守阳翟③，与良俱南，攻下宛④，西入武关⑤。

【注释】

①雒阳：县名，在今河南洛阳东北。轘（huán）辕：山名，在今河南偃师东南。

②杨熊：秦将。

③阳翟：县名，在今河南禹州。

④宛：县名，在今河南南阳。

⑤武关：在今陕西丹凤东南。

【译文】

沛公从洛阳向南穿过轘辕山，张良领兵跟随沛公，攻下韩地十余座城邑，击溃了秦将杨熊的军队。沛公让韩王韩成留守阳翟，自己与张良一同南下，攻下宛县，向西进入武关。

【原文】

沛公欲以二万人击秦峣关①下军，良曰：“秦兵尚强，未可轻。臣闻其将屠者子，贾竖易动以利。愿沛公且留壁②，使人先行，为五万人具食，益张旗帜诸山上，为疑兵，令郦食其持重宝啖③秦将。”秦将果欲连和俱西袭咸阳④，沛公欲听之。

【注释】

①峣关：在今陕西蓝田东南。

②留壁：安营扎寨。壁，军垒。

③啖（dàn）：吃。这里是引诱之意。

④咸阳：秦朝的国都，在今陕西咸阳东北。

【译文】

沛公想用两万兵攻打秦国峣关下的守军，张良劝告说："秦军还很强大，不可以轻视。我听说那里的守将是屠户的儿子，这种市侩小人容易用钱财收买。希望沛公暂且留下坚守营垒，派人先向前去，准备五万人的锅灶，在各山头张挂旗帜作为疑兵，同时派郦食其携带贵重宝物去贿赂秦军将领。"秦军将领果然想和沛公联合西进袭击咸阳，沛公打算答应秦将。

【原文】

良曰："此独其将欲叛，士卒恐不从。不从必危，不如因其解[①]击之。"沛公乃引兵击秦军，大破之。逐北至蓝田[②]，再战，秦兵竟败。遂至咸阳，秦王子婴降沛公。

【注释】

①解（xiè）：松懈。

②逐北：追击败军。蓝田：在今陕西蓝田西。

【译文】

张良说："这只是那些秦将想要叛秦，士兵恐怕不一定会服从。士兵若不服从，必然给我们带来危害，不如乘其懈怠时进攻他们。"沛公便率军进击秦军，大败秦军。并追击逃兵直到蓝田，再次交战，秦军彻底失败。

沛公进入咸阳，秦王子婴投降沛公。

【原文】

沛公入秦[①]，宫室帷帐狗马重宝妇女以千数，意欲留居之。樊哙谏，沛公不听。良曰：“夫秦为无道，故沛公得至此。为天下除残去贼，宜缟素为资[②]。今始入秦，即安其乐，此所谓‘助桀为虐’。且‘忠言逆耳利于行，毒药苦口利于病’，愿沛公听樊哙言。”沛公乃还军霸上[③]。

扫码看视频

【注释】

①入秦：《史记》作“入秦宫”。

②缟素为资：犹言以俭朴为本。缟素，白色的衣服，这里是朴素之意。

③霸上：地名，在今陕西西安东。

【译文】

沛公进入秦宫，看到宫室、帷帐、狗马、贵重宝物、宫女数以千计，想留下来住在那里。樊哙前来劝阻，沛公不听。张良说：“秦国实行暴虐无道的政策，所以沛公才能到这里。为天下人废掉残害百姓的暴政，除去对人民有害的人，就应该以节俭朴素来显示自己的不同。现在刚刚进入秦都，就要安享其乐，这就是人们所说的‘助桀为虐’。况且‘忠言逆耳利于行，毒药苦口利于病’，希望沛公听从樊哙的建议。”于是沛公带军驻扎在霸上。

【原文】

项羽至鸿门[①]，欲击沛公，项伯夜驰至沛公军，私见良，欲与俱去。良曰：“臣为韩王送沛公，今事有急，亡去不义。”

乃具语沛公。沛公大惊，曰："为之奈何？"良曰："沛公诚欲背项王邪？"沛公曰："鲰生[②]说我距关毋内诸侯，秦地可王也，故听之。"良曰："沛公自度能却项王乎？"沛公默然，曰："今为奈何？"良因要项伯见沛公。沛公与伯饮，为寿[③]，结婚，令伯具言沛公不敢背项王，所以距关者，备它盗也。项羽后解。……

【注释】

①鸿门：地名，在今陕西临潼东。今称项王营。

②鲰（zōu）生：犹言小子，骂人之语。

③为寿：敬酒以祝健康长寿。

【译文】

项羽来到鸿门，打算进击沛公，项伯连夜急驰到沛公的军营，私下会见张良，要张良同他一起离开。张良说："我是替韩王来护送沛公的，现在事情紧急，逃离是不合道义的。"便将情况全部告诉了沛公。沛公大吃一惊，说道："那怎么办呢？"张良说："沛公果真想背叛项羽吗？"沛公说："有个小人劝我封锁函谷关不让诸侯军进来，说占有秦地可以称王，我听从了他的意见。"张良说："沛公自己估量能击退项羽吗？"沛公沉默了一会儿，说道："现在怎么办呢？"张良于是邀请项伯见沛公。沛公和项伯一起饮酒，敬酒祝福，约定结为儿女姻亲，请项伯向项羽详细说明沛公不敢背叛项羽，之所以派兵把守函谷关，是为了防备其他强盗。项羽听了项伯的转述，便放弃攻击沛公了。……

【原文】

汉元年，沛公为汉王，王巴蜀[①]，赐良金百溢[②]，珠二斗，良具[③]

以献项伯。汉王亦因令良厚遗项伯，使请汉中[④]地。项王许之。汉王之国，良送至褒中[⑤]，遣良归韩。良因说汉王烧绝栈道[⑥]，示天下无还心，以固项王意。乃使良还。行，烧绝栈道。

【注释】

扫码看视频

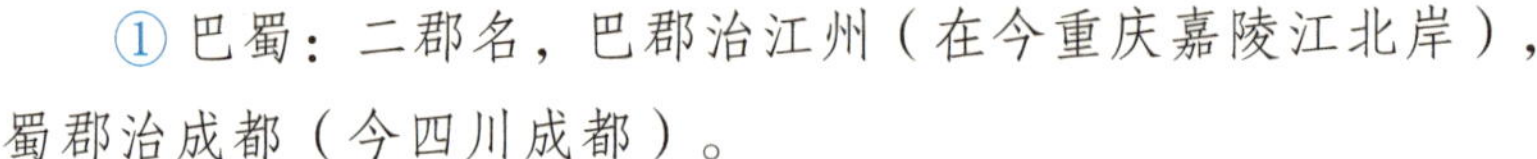

①巴蜀：二郡名，巴郡治江州（在今重庆嘉陵江北岸），蜀郡治成都（今四川成都）。

②溢：同“镒”，重量单位，二十两为一溢，也有说二十四两为一溢。

③具：与“俱”通。

④汉中：郡名，治南郑（在今陕西汉中）。

⑤褒中：邑名，在今陕西汉中西北。

⑥栈道：又称阁道，山谷间以竹木构筑的通道。

【译文】

汉高祖元年（公元前206年），沛公做了汉王，领有巴蜀之地，汉王赐张良黄金百斤，珍珠二斗，张良全部转赠给了项伯。汉王也顺便让张良以厚礼送项伯，使项伯代他向项羽请求汉中地区。项王果然答应了。汉王赴封国，张良送到褒中，汉王让张良返回韩国。张良借机劝说汉王烧毁栈道，向天下表示无返回之心，以此让项王放心。汉王让张良返回。然后出发去汉中，途中把栈道全部烧掉。

【原文】

良归至韩，闻项羽以良从汉王故，不遣韩王成之国，与俱东，至彭城[①]杀之。时汉王还定三秦，良乃遗[②]项羽书曰：“汉王失职，欲得关中，如约即止，不敢复东。”又以齐反书遗羽，曰：“齐与赵欲并灭楚。”项羽以故北击齐。

【注释】

①彭城：县名，在今江苏徐州。

②遗（wèi）：赠予，送给。

【译文】

张良回到韩国，听说项羽因为张良跟从汉王，不让韩王韩成到封国，挟迫他一道东归，到彭城时便杀了他。这时，汉王已挥军平定三秦，张良便给项羽送去一封信，说：“汉王失职，是想得到关中，只要实现当初的盟约便停止进军，不敢再东进。”又把齐国谋反的书信送给项羽，说：“齐国与赵国打算一起灭楚。”项羽发兵北上进击齐国。

【原文】

良乃间行[①]归汉。汉王以良为成信侯，从东击楚。至彭城，汉王兵败而还。至下邑，汉王下马踞鞍[②]而问曰：“吾欲捐[③]关已东等弃之，谁可与共功[④]者？”良曰：“九江王布[⑤]，楚枭将[⑥]，与项王有隙，彭越与齐王田荣反梁地[⑦]，此两人可急使。而汉王之将独韩信可属大事，当一面。即欲捐之，捐之此三人，楚可破也。”

【注释】

①间行：走小道。

②踞鞍：坐在马鞍上。古时行军途中休息时，常解下马鞍坐卧。

③捐：放弃。这里是分出之意。

④共功：谓共立破楚之功。

⑤九江王布：指英布。

⑥枭将：勇猛之将。

⑦梁地：指战国时魏都大梁（今河南开封）一带。

【译文】

张良抄小路返回汉王处。汉王封张良为成信侯，与自己一起东进袭击楚国。到了彭城，汉王兵败而回。行到下邑，汉王下马坐在马鞍上问道：“我愿意拿出函谷关以东等地作为封赏，看谁可以同我共建功业？”张良进言道：“九江王英布，是楚国的猛将，同项王有隔阂，彭越曾和齐王田荣在梁地反楚，这两个人在紧要关头可以利用。而汉王的将领只有韩信可以托付大事，独当一面。假如奉出函谷关以东的地方，也只有送给这三个人，才可以打败楚国。”

【原文】

汉王乃遣随何说九江王布①，而使人连彭越。及魏王豹反，使韩信特将②北击之，因举③燕、代、齐、赵。然卒破楚者，此三人力也。

良多病，未尝特将兵，常为画策臣④，时时从。

【注释】

①随何：刘邦之谋臣。说（shuì）：用话劝说别人，使他听从自己的意见。

②特将：独当一面之将。犹今方面军司令。

③举：攻克。

④画策臣：出谋划策之臣。

【译文】

汉王便派随何游说九江王英布，另派人去联合彭越。等到魏王豹叛汉时，汉王派韩信带兵向北进击魏王，乘势攻下燕、代、齐、赵。最终打败楚国，汉王主要是靠这三个人的力量。

张良多病，不曾独自带兵作战，常常作为出谋划策的臣子，时时跟随汉王。

名师点评

后人称张良为“谋圣”。其实他也是在实践中逐渐磨砺出来的。年轻时，为报家仇国恨，他曾刺杀秦始皇，参加反秦起义，多有坎坷。但作为那个时代的世家子弟，他有着常人不具备的胸怀，初投刘邦得到的官职是厩将，即军中管马匹的军官，他却依旧为刘邦出谋划策：攻峣关，下咸阳；鸿门宴的刀光剑影中刘邦逃过致命一劫，更是依赖张良制定的计谋；刘邦被封为汉中王，张良劝其烧掉出川的栈道；楚汉相争时，力主策反英布、彭越，此二将与韩信率领三路大军攻楚，最后取得统一全国的胜利。《史记》上说他为重建韩国，曾领兵略地，不久就被秦军夺回。可见张良强于战略，弱于战术，因此在刘邦手下“未尝特将兵，常为画策臣”。

延伸/阅读

明修栈道，暗度陈仓

汉元年（公元前 206 年）正月，项羽恃强凌弱，自立为西楚霸王，定都彭城（今江苏徐州），统辖梁、楚九郡。他“计功割地”，分封了十八位诸侯王。并违背楚怀王“谁先攻入关中，谁就做关中王”的约定，把刘邦分封到偏僻荒凉的巴蜀，称为汉王。而把实际的关中之地一分为三，封给秦的三个降将，用以遏制刘邦北上。刘邦心中十分怨恨，想率兵攻击项羽，后经萧何、张良一再劝阻，这才决定暂且隐忍不发。

天下分封已定，张良打算离开刘邦回韩国再事韩王成。刘邦赐金百镒，珠二斗。而张良把金珠悉数转赠给项伯，使他再为汉王请求加封汉中地区。项伯见利忘义，立即前去说服项羽。这样，刘邦建都南郑（今陕西南郑东北），占据了秦岭以南巴、蜀、汉中三郡之地。

同年七月，张良送刘邦到褒中（今陕西褒城）。此处群山环抱，沿途皆是悬崖峭壁，只有栈道凌空高架，以度行人，别无他途。张良观察地势，建议刘邦待汉军过后，全部烧毁入蜀的栈道，表示无东顾之意，以消除项羽的猜忌，同时也可防备他人的袭击。这样，就可以乘机养精蓄锐，等待时机，再展宏图了。刘邦依计而行，烧掉了沿途的栈道。张良此计，可谓用心良苦，它为刘邦的巩固发展和日后东进，取得了重要的保证。刘邦入汉中后，励精图治，积极休整。同年八月，刘邦用大将韩信之谋，避开雍王章邯的正面防御，乘机从故道“暗度陈仓（今陕西宝鸡东）”，从侧面出其不意地打败了雍王章邯、塞王司马欣和翟王董翳，一举平定三秦，夺取了关中宝地。略定三秦，刘邦倚据富饶、形胜的关中地区，便可以与项羽逐鹿天下了。一个“明烧”，一个“暗度”，张韩携手，珠联璧合，成为历史上一段脍炙人口的佳话。

项羽闻知刘邦平定三秦，怒不可遏，决定率兵反击。张良早已料到，于是寄书蒙蔽项羽，声称：“汉王失职，欲得关中；如约即止，不敢东。”同时，张良还把齐王田荣谋叛之事转告项羽，说是“齐国欲与赵联兵灭楚，大敌当前，灭顶之灾，不可不防”，意在将楚军注意力引向东部。项羽果然中计，竟然无意西顾，转而北击三齐诸地毫无生气的腐朽力量。张良的信从侧面加强了“明烧栈道”的效果，把项羽的注意力引向东方，从而放松了对关中的防范，为刘邦赢得了休养生息的宝贵时间。

不久，项羽于彭城杀死了韩王成，使张良相韩的幻梦彻底破灭。同年冬，张良逃出彭城，躲过楚军的追查，终于回到刘邦的身边，受封为成信侯，此后便朝夕相随汉王左右，成为画策之臣。

学海/拾贝

☆ 为其老，乃强忍，下取履，因跪进。父以足受之，笑去。良殊大惊。

☆ 五日，良夜半往。有顷，父亦来，喜曰："当如是。"

☆ 夫秦为无道，故沛公得至此。为天下除残去贼，宜缟素为资。今始入秦，即安其乐，此所谓"助桀为虐"。且"忠言逆耳利于行，毒药苦口利于病"，愿沛公听樊哙言。

贾谊传

名师导读

贾谊，西汉初年著名的政论家、文学家。十八岁即有才名，由河南郡守吴公推荐，二十岁出头被文帝召为博士。不到一年被破格提为太中大夫。但是在二十三岁时，因遭群臣排挤，出任长沙王太傅。后被召回长安，为梁怀王太傅。梁怀王坠马死后，贾谊深自歉疚，三十三岁忧伤而死。贾谊在短暂的一生中，为中华文化宝库留下了珍贵的文化遗产。其著作主要有散文和辞赋两类。散文如《过秦论》《论积贮疏》《陈政事疏》等都很有名，辞赋以《吊屈原赋》《鹏鸟赋》最为著名。其文说理透辟，逻辑严密，气势磅礴，词句铿锵有力，对后代散文影响很大。鲁迅曾说，他与晁错的文章“皆为西汉鸿文，沾溉后人，其泽甚远”。

【原文】

贾谊，雒阳人也，年十八，以能诵诗书属文称于郡中①。河南守吴公闻其秀材②，召置门下③，甚幸爱。文帝初立，闻河南守吴公治平④为天下第一，故与李斯⑤同邑，而尝学事⑥焉，征以为廷尉。廷尉乃言谊年少，颇通诸家之书。文帝召以为博士。

【注释】

①属（zhǔ）文：写文章。称：闻名。

②秀材：优秀人才。

③门下：府门之下。

④治平：言治理政事的功绩。

⑤李斯：秦朝丞相。

⑥学事：在其门下学习。

【译文】

贾谊，洛阳人，十八岁时就因能背诵诗书、会写文章闻名于郡中。河南郡守吴公听说他才学优异，把他召到门下，非常器重。汉文帝刚即位时，听说河南郡守吴公政绩卓著，排在全国第一，而且和李斯同乡，曾向李斯请教学习过，便征召他做廷尉。吴廷尉就推荐说贾谊年纪虽小，但能通晓诸子百家之书。汉文帝就召贾谊担任博士之职。

【原文】

是时，谊年二十余，最为少①。每诏令议下②，诸老先生未能言，谊尽为之对，人人各如其意所出。诸生于是以为能。文帝说之，超迁③，岁中至太中大夫④。

【注释】

①最为少：言贾谊在博士中最年轻。

②诏令议下：皇帝发下诏令，要求廷臣议论。

③超迁：破格提拔。

④太中大夫：官名，掌议论。

【译文】

这时，贾谊二十多岁，在博士中是最年轻的。汉文帝每次下令讨论的问题布置下来，年长的博士说不了什么，而贾谊却能一一回答，人人都觉得说出了他们的意思。博士们都认为贾谊才能出众。汉文帝也非常喜欢他，破格提拔，一年之内把他提升到太中大夫的职位。

【原文】

谊以为汉兴二十余年，天下和洽，宜当改正朔①，易服色制度②，定官名，兴礼乐。乃草具其仪法③，色上黄④，数用五，为官名悉更，奏之。文帝谦让⑤未皇也。然诸法令所更定，及列侯就国，其说皆谊发之。于是天子议以谊任公卿之位。绛、灌、东阳侯、冯敬之属尽害之⑥，乃毁⑦谊曰："雒阳之人年少初学，专欲擅权，纷乱⑧诸事。"于是天子后亦疏之，不用其议，以谊为长沙王太傅。

【注释】

①正朔：正月初一。这里指历法。

②制度：《史记》作"正制度"。正，订正之意。

③草具：草拟。仪法：礼仪制度。

④色上黄：颜色崇尚黄色。上，崇尚。

⑤谦让：辞让。

⑥绛（jiàng）：绛侯周勃。灌：颍阴侯灌婴。东阳侯：张相如。冯敬：当时为御史大夫。

⑦毁：诋毁。

⑧纷乱：扰乱。

【译文】

贾谊认为汉朝建立二十多年了，国家太平和谐，正是应当改历法，改变车马服饰的颜色，订立法令制度，确定官职名称，振兴礼乐的时候。于

是起草各项仪法，车马服饰的颜色用黄色，官印数字用五，确定官职名称，彻底改变旧制，贾谊将这些建议上奏皇上。汉文帝谨慎从事，来不及实行。然而各项法令的更改确定，以及让各诸侯都住到自己的封国去，这些主张都是贾谊提出的。于是汉文帝与大臣共同商议，让贾谊担任公卿之职。绛侯、灌侯、东阳侯、冯敬这些人十分嫉妒他，就诋毁贾谊说："这个洛阳人，年纪轻轻，学识浅薄，一心想独揽大权，把政事弄得一团糟。"汉文帝于是疏远了贾谊，不再采纳他的意见，让他做长沙王太傅。

【原文】

谊既以適去，意不自得，及度湘水①，为赋以吊屈原②。屈原，楚贤臣也，被谗放逐，作离骚赋③，其终篇曰："已矣！国亡人，莫我知也。"遂自投江④而死。谊追伤之，因以自谕⑤。

【注释】

①湘水：湘江，今湖南最大的河流。

②屈原：名平。楚国大臣，伟大的爱国诗人。

③离骚赋：屈原代表作《离骚》。

④江：指汨罗江，在今湖南东北部。

⑤谕：比喻。

【译文】

贾谊因为被贬官而离去，抱负没有得到施展，在渡湘水时，写下一篇辞赋凭吊屈原。屈原是楚国一位贤明的臣子，遭受谗言被放逐，忧愁幽思而作《离骚》，在篇末写道："算了吧！国人没有能了解我的。"于是投江而死。贾谊追念哀悼他，因而以屈原自喻。

【原文】

其辞曰：

恭承嘉惠①兮，竢罪②长沙。仄闻③屈原兮，自湛④汨罗。造托湘流兮⑤，敬吊先生。遭世罔极⑥兮，乃陨厥身。乌呼哀哉兮，逢时不祥！鸾凤伏窜兮，鸱鸮⑦翱翔。阘茸⑧尊显兮，谗谀得志；贤圣逆曳⑨兮，方正倒植⑩。

【注释】

①嘉惠：指皇帝的诏命。

②竢（sì）罪：待罪。古代官吏供职的谦辞。

③仄闻：传闻。

④湛（chén）：同"沉"。

⑤造：到达。托：寄托。

⑥罔极：没有一定之规。形容世道混乱。

⑦鸱（chī）鸮（xiāo）：猫头鹰一类的鸟。

⑧阘（tà）茸（róng）：卑贱，低劣。这里指无德无才之人。

⑨逆曳（yè）：颠倒之意。

⑩倒植：倒置。

扫码看视频

【译文】

他的赋写道：

我秉承皇帝的恩旨，到长沙去上任。曾以谦恭的心情听别人说屈原投汨罗江自尽的事。如今我来到湘江岸边用湘江水来寄托我对屈原的哀思与祭奠。大量的世俗谗言泼向先生，您只能投江自尽，毁灭自己的身体。悲哀呀，您没有遇到一个好的年代！神奇的大鸟隐藏或者飞离，而鸱鹰却在天空中飞翔。无德无才的小人却能够名声显赫、地位高贵，惯于阿谀奉承的小人都能得志；贤良的正人君子竟遭到不测的悲惨命运，正直的人不得顺正道而行，被颠倒了位置。

【原文】

谓随、夷溷兮①，谓跖、蹻廉②；莫邪③为钝兮，铅刀为铦④。于嗟默默⑤，生之亡故兮⑥！斡弃周鼎⑦，宝康瓠⑧兮。

【注释】

①随：卞随，商汤时的贤人。夷：伯夷，周初之人。溷（hùn）：腐败。

②跖：盗跖。蹻：楚国大盗。

③莫邪：相传为春秋时吴国著名的宝剑。雄剑名干将，雌剑名莫邪。

④铦（xiān）：锋利。

⑤默默：不得意。

⑥生：指屈原。亡故：无缘无故遭遇此祸。

⑦斡（wò）弃：抛弃。周鼎：周朝传国之宝鼎。

⑧康瓠（hù）：破瓦壶。

【译文】

世上竟有人说卞随和伯夷贪婪腐败，反而说大盗跖、蹻是廉洁的；他们竟然说名剑莫邪钝，而普通铅铁刀十分锋利。您如此默默不得志，无缘无故遭遇迫害！放弃传国的宝物周鼎而不要，却把破烂的瓦壶当宝贝。

【原文】

腾驾罢牛[1]，骖蹇驴兮[2]；骥垂两耳[3]，服[4]盐车兮。章父荐屦[5]，渐不可久兮；嗟苦先生，独离此咎兮[6]！

【注释】

①腾驾：驾辕。罢（pí）：疲惫。

②骖：古时用三匹以上的马拉车，两边的马曰“骖”。蹇（jiǎn）驴：瘸腿驴。

③垂两耳：马匹负重超量之困态。

④服：驾。

⑤章父（fǔ）：古代的一种冠名。父，通“甫”。荐屦：垫鞋。

⑥离：通“罹”。遭到，遭遇。咎：灾祸。

【译文】

用疲惫不堪的牛来驾辕，用跛腿的驴在两侧拉；骏马垂着双耳，拉着超重的盐车。用殷人的礼帽来垫鞋，这种混乱的局面维持不了多久啊；受苦受难的屈原先生，唯独您遭受到这些灾难啊！

【原文】

谇[1]曰：已矣！国其莫吾知兮，子独壹郁其谁语？凤缥缥[2]其高逝兮，夫固自引而远去。袭九渊之神龙兮[3]，沕[4]渊潜以自珍；偭蟂獭以隐处兮[5]，夫岂从虾与蛭螾[6]？所贵圣之神德兮，远浊世而自臧。使麒麟[7]可系而羁兮，岂云异夫犬羊？

扫码看视频

【注释】

①谇（suì）：本义极端言论。引申为责骂、责问。一作“讯”。

②缥缥：轻举貌。

③袭：效法之意。九渊：深渊。

④沕（mì）：潜藏貌。

⑤偭（miǎn）：背。蟂（xiāo）獭：水中食鱼的动物。

⑥蛭：蚂蟥。螾：蚯蚓。

⑦麒麟：古代传说中的一种神兽，古人用它象征祥瑞。

【译文】

不禁要说：算了吧！在国内能有谁了解您，先生您一个人在这生闷气，心里的话又能向谁讲呢？没有人理解，就应该像凤凰一样缈缈高飞，消逝在远方，自行引退而远去。效法隐藏在深渊中的蛟龙，要深藏在水中珍爱自己；弃离了蟂獭去隐居啊，怎能和虾、蚂蟥、蚯蚓之类为伍？我所珍视的圣人的神明德行啊，要远离污浊之地而自我珍藏。假如麒麟能叫人拴住，任人驾驭使唤，那它与狗、羊又有什么不同呢？

【原文】

般纷纷其离此邮兮①，亦夫子之故②也！历九州而相其君兮③，何必怀此都④也？凤皇翔于千仞⑤兮，览德辉而下之；见细德⑥之险征兮，遥增击⑦而去之。彼寻常之污渎兮⑧，岂容吞舟之鱼！横江湖之鳣鲸⑨兮，固将制于蝼蚁。

【注释】

扫码看视频

①般纷纷：乱纷纷。邮：同“尤”，祸患。

②亦夫子之故：意谓如屈原之遭遇。

③历：走遍。九州：这里是天下的代称。相：考察。

④此都：这里指楚国。

⑤千仞：极言其高。古代八尺（一说七尺）为一仞。

⑥细德：虚伪的道德。

⑦增击：展翅高飞。

⑧寻常：平常。污渎：死水沟。

⑨鳣（zhān）鲸：皆大鱼。

【译文】

您遭遇到各种各样的迫害与不幸，也是您没有洁身自好，远离这污浊尘世的缘故啊！您完全可以云游中国大地，考察、选择一个明君辅佐，何必一定要怀念楚国呢？像凤凰一样的君子能飞上万里长空，当看到有光辉德行的明君时才肯下来；当看到德行短浅、卑劣而有危险的征兆，便马上拍打着双翅远走高飞而去。在窄窄的死水坑里，怎能容下可以吞掉船的大鱼！在江湖中来回游的大鱼，一旦游入死水坑中必然要受到蝼蛄和蚂蚁的侵袭。

名师点评

贾谊是才华横溢的文人，更是锐意革新的政治思想家。《汉书·诸侯王表·序》中说：“故文帝采贾生之议分齐、赵；景帝用晁错之计削吴、楚。”可见文帝对贾谊的器重。他撰有《过秦论》《治安策》《论积贮疏》等一系列针砭时弊的政论文，其改革陈规旧法的意见得到汉文帝的赏识，但却遭到当时的贵族、世家等既得利益群体的反对，贾谊因此被外放任长沙王太傅，不久又改任梁王太傅。贾谊提出：“夫民者，万世之本也……故夫民者，大族也，民不可不畏也。故夫民者，多力而不可适也。”（《贾谊集·新书·大政上》）

延伸/阅读

屈原投江

屈原是中国古代伟大的爱国诗人。他出身楚国贵族，自幼勤奋好学，胸怀大志。早年受楚怀王信任，任左徒、三闾大夫，常与怀王商议国事，参与法律的制定，主张章明法度，举贤任能，改革政治，联齐抗秦。同时主持外交事务。主张楚国与齐国联合，共同抗衡秦国。提倡“美政”。在屈原的努力下，楚国国力有所增强。但是，由于自身性格耿直，再加上楚怀王的令尹子椒、上官大夫靳尚等人受了秦国使者张仪的贿赂，在怀王面前造谣，说屈原居功自傲，连怀王也不放在眼里，怀王怒而疏远了屈原。

当时在战国七雄中，最强大的是秦、齐、楚三国，“合纵连横”的斗争非常激烈，谁能取胜，最后由这三国内政外交的得失来决定。屈原在楚国内政上主张选贤任能，励精图治，试图建立一个理想的如尧舜禹汤时代的社会；在外交上则主张联齐合纵，对抗强秦的连横。由于怀王疏远了他，屈原这些正确的主张都未能实行。

怀王是个昏庸的君主，在秦惠王的离间和诱惑下，接连上当，断绝了和齐国的联盟关系，结果损兵折将，丢失土地，国势渐渐衰弱下来。秦昭王继位后，提出和楚通婚，约怀王相会，屈原极力劝阻怀王不要再上当。但怀王在其幼子子兰的怂恿下还是去了，结果遭到秦国的武力劫持，死在秦国。怀王的长子顷襄王继位，令尹子兰和上官大夫等人又在顷襄王面前构陷屈原，顷襄王一怒之下把屈原流放到江南。

屈原晚年在沅水、湘水流域长期过着流放生活，眼看祖国日益衰弱，即将被秦灭亡，自己报效君王的抱负不得施展，忧心如焚，无日可了，写了大量抒发忧愤的诗作，最后在绝望中投汨罗江自尽。

学海/拾贝

☆ 鸾凤伏窜兮，鸱鸮翱翔。阘茸尊显兮，谗谀得志；贤圣逆曳兮，方正倒植。

☆ 袭九渊之神龙兮，沕渊潜以自珍;偭蟂獭以隐处兮，夫岂从虾与蛭螾?所贵圣之神德兮，远浊世而自臧。使麒麟可系而羁兮，岂云异夫犬羊?

☆ 彼寻常之污渎兮，岂容吞舟之鱼！横江湖之鳣鲸兮，固将制于蝼蚁。

司马相如传

名师导读

司马相如，字长卿，因仰慕战国时的名相蔺相如而改名。少年时期喜欢读书练剑，二十多岁时以赀（钱财）为郎，做了汉景帝的武骑常侍。他是西汉大辞赋家，代表作品为《子虚赋》。作品辞藻富丽、结构宏大，使他成为汉代大赋的代表作家，后人称之为赋圣。他与卓文君私奔的故事也广为流传。鲁迅的《汉文学史纲要》中还把司马相如和司马迁放在一个专节里加以评述，指出："武帝时文人，赋莫若司马相如，文莫若司马迁。"

【原文】

司马相如字长卿，蜀郡①成都人也。少时好读书，学击剑，名犬子②。相如既学，慕蔺相如③之为人也，更名相如。以訾为郎④，事孝景帝，为武骑常侍⑤，非其好也。会景帝不好辞赋，是时梁孝王来朝，从游说之士齐人邹阳、淮阴枚乘、吴严忌夫子⑥之徒，相如见而说之，因病免，客游梁⑦，得与诸侯游士居，数岁，乃著子虚之赋⑧。

【注释】

①蜀郡：郡治成都（今四川成都）。

②犬子：司马相如的小名。

③蔺相如：战国时赵国大臣，有胆有识，与赵国大将廉颇为知交。

④以訾为郎：汉制，献家资十万钱乃得为官。

⑤武骑常侍：皇帝的骑从官，秩六百石。

⑥严忌夫子：本姓庄，因避汉明帝讳为严，名忌，号曰夫子。

⑦梁：王国名，都睢阳（今河南商丘东南）。

⑧子虚之赋：《子虚赋》。

【译文】

司马相如，字长卿，蜀郡成都人。少年时喜欢读书，还练习击剑，小名犬子。司马相如学业完成后，仰慕蔺相如的为人，改名为相如。他用家资买了个郎官，事汉景帝，任武骑常侍，但这并不是他所喜爱的。恰巧景帝不喜好辞赋，这时候梁孝王来京朝见皇上，齐郡人邹阳、淮阴人枚乘、吴县人庄忌先生等游说之士随同来京，相如一见他们就喜欢，便借有病辞去官职，旅居梁国，得以和儒生们住在一起，相如与许多儒生和游说之士交往了几年，写下了《子虚赋》。

【原文】

会梁孝王薨，相如归，而家贫无以自业。素与临邛①令王吉相善，吉曰："长卿久宦游②，不遂③而困，来过我。"于是相如往舍都亭④。临邛令缪⑤为恭敬，日往朝⑥相如。相如初尚见之，后称病，使从者谢吉，吉愈益谨肃。

【注释】

①临邛：县名，今四川邛崃。

②宦游：指为求做官而四方奔走，也指在外做官。

③遂：达。

④都亭：这里是指临邛亭。汉时，京师郡县各有都亭，乡有乡亭。

⑤缪：假装。

⑥朝：拜访。

【译文】

遇上梁孝王去世，相如返回家中，家中贫穷，无事可干。他一向与临邛县令王吉相好，王吉说：“长卿多年在外求官不大称心，你可到我这儿来。”于是相如前往临邛，居住在城外的旅舍里。临邛县令假献殷勤，每天去拜访相如。相如开始还接见他，后来声称有病，让随从辞谢王吉，王吉更加谨慎恭敬。

【原文】

临邛多富人，卓王孙僮[①]客八百人，程郑亦数百人，乃相谓曰：“令有贵客，为具召之[②]。并召令。”令既至，卓氏客以百数，至日中请司马长卿，长卿谢病不能临。临邛令不敢尝食，身自迎相如，相如为[③]不得已而强往，一坐尽倾[④]。

【注释】

①僮：奴婢。

②具：指酒食之具。召：请。

③为：与“伪”同。

④尽倾：谓皆钦慕其风采。倾，向往，钦佩。

【译文】

临邛城中富人多，卓王孙有家奴八百人，程郑也有几百人，两人便互相说：“县令有贵宾，我们得办酒食宴请他一下。一并邀请县令。”县令已经来到，卓氏宾客数以百计，到了中午，请司马相如，相如托言有病不能前往。临邛县令不敢先尝饭食，亲自去迎接相如，相如不得已勉强前往，他一坐下满座的人都倾慕他的风采。

【原文】

酒酣，临邛令前奏琴曰："窃闻长卿好之，愿以自娱。"相如辞谢，为鼓一再行[①]。是时，卓王孙有女文君新寡，好音，故相如缪与令相重而以琴心挑之[②]。相如时从车骑，雍容闲雅，甚都[③]。及饮卓氏弄琴，文君窃从户窥，心说[④]而好之，恐不得当也。

【注释】

①一再行：谓一二曲。

②缪：诈伪。相重：谓相引重。以琴心挑之：谓以琴声诱挑卓文君。挑，相诱。

③都：美貌，美好。

④说：同"悦"。

【译文】

酒兴正浓时，临邛县令捧着琴上前说："我私下听说长卿喜爱弹琴，希望能弹来自娱一下。"相如略作推谢，便弹奏了一两支曲子。当时，卓王孙有个女儿叫作文君，丈夫刚死，非常喜爱音乐，相如假装与县令相互敬重，而用琴声挑逗她。相如到临邛来时，车马随行，举止大方，甚为俊秀。来到卓王孙家赴宴弹琴，文君私自从门缝中偷看，心中欢喜而仰慕他，担心自己配不上。

【原文】

既罢，相如乃令侍人重赐文君侍者通殷勤。文君夜亡奔相如，相如与驰归成都。家徒四壁立[①]。卓王孙大怒曰："女不材，我不忍杀，一钱不分也！"人或谓王孙，王孙终不听。文君久之不乐，谓长卿曰："弟俱如临邛，从昆弟假贷[②]，犹足以为生，何至自苦如此！"相如与俱之临邛，尽卖车骑，买酒舍，乃令文君当卢[③]。

【注释】

①家徒四壁立：谓家中仅有四壁而无资产。徒，空。

②昆弟：指兄和弟。贷（tè）：求乞。

③卢：同"垆"，安放酒坛的土墩子。

【译文】

弹奏结束，相如便使人重赏文君的侍者以此向她转达自己的心意。文君夜间逃出家中私奔至相如住处，相如于是与文君赶着马车急返成都。司马相如家中空荡荡的只有四面墙壁直立。卓王孙大发脾气说："女儿不成器到了极点，我不忍心杀死她，但绝不会给她一个钱！"有人劝说王孙，王孙始终不听。文君过了很长时间心中一直不快，对长卿说道："长卿只管和我一同前往临邛，从弟兄中借贷也足以维持生活，何至于让自己困苦到这个样子！"相如与文君一同来到临邛，把车马通通卖了，开了一爿酒店做起生意来，他让文君坐在垆前卖酒。

【原文】

相如身自著犊鼻裈[①]，与庸保[②]杂作，涤器于市中。卓王孙耻之，为杜门不出[③]。昆弟诸公更[④]谓王孙曰："有一男两女，所不足者非财[⑤]也。今文君既失身于司马长卿，长卿故倦游[⑥]，虽贫，其人材足依也。

且又令客，奈何相辱如此！”卓王孙不得已，分与文君僮百人，钱百万，及其嫁时衣被财物。文君乃与相如归成都，买田宅，为富人。

【注释】

①犊鼻裈（kūn）：形似犊鼻的短裤。古时的裤子，无裆称为袴，有裆称为裈。

②庸保：酒保，雇工。

③杜门不出：关闭门户，不外出与人交往接触。

④更：轮流。

⑤非财：谓不患少财。

⑥倦游：谓厌倦做官。

【译文】

相如穿上短裤和雇工及奴婢们共同劳动，在市中洗涤酒器。卓王孙听说后认为是奇耻大辱，为此闭门不出。兄弟和长辈轮流前去劝说王孙："你只有一儿两女，所缺的不是钱财啊。如今文君已经委身于司马长卿，长卿厌倦做官，虽然家贫，但那个人的才能是可以依靠的。况且又是县令的客人，为什么偏偏如此相辱呢！”卓王孙不得已，只得分给文君家奴一百人，钱一百万，还有出嫁时的衣被等物品。文君便与相如回到成都，置田地、买房屋，成为富人。

【原文】

居久之，蜀人杨得意为狗监①，侍上。上读《子虚赋》而善之，曰："朕独不得与此人同时哉！”得意曰："臣邑人②司马相如自言为此赋。”上惊，乃召问相如。

【注释】

①狗监：官名，掌管皇帝打猎时所用的猎犬。

②邑人：同邑的人。

【译文】

过了一段时间，蜀人杨得意任狗监，侍奉汉武帝。武帝读《子虚赋》后大为赞赏，说："为什么朕偏偏不能跟这样的人生活在同一个时代啊！"杨得意说："这是我的同乡司马相如写的。"武帝大惊，便召见询问司马相如。

【原文】

至蜀，太守以下郊迎，县令负弩矢先驱，蜀人以为宠。于是卓王孙、临邛诸公皆因门下献牛、酒以交欢。卓王孙喟然而叹，自以得使女尚[①]司马长卿晚，乃厚分与其女财，与男等。相如使略定[②]西南夷，邛、筰、冉、駹、斯榆之君皆请为臣妾[③]，除边关，边关益斥[④]，西至沫、若水，南至牂牁为徼[⑤]，通灵山道，桥孙水，以通邛、筰。还报，天子大说。

【注释】

①尚：婚配。

②略定：平定。

③邛、筰、冉、駹（máng）、斯榆：均为四川一带的部族名。臣妾：臣属。

④斥：广，宽。

⑤牂（zāng）牁（kē）：古部族名，在今贵州东南。徼（jiào）：边界。

【译文】

司马相如到了蜀地，太守及以下官员到郊外迎接他，县令为他背着弓箭开路，蜀人都以这个同乡为荣。于是卓王孙以及临邛诸大户都到司马相如门下献上牛和酒与他交往。卓王孙感叹不已，觉得自己的女儿嫁给司马相如的时间太晚了，就将大笔财产分给卓文君，与儿子相同对待。司马相如作为中郎将，平定了西南夷，邛、莋、冉、駹、斯榆的君主都请求成为大汉的臣属。司马相如拆掉旧的边关，大汉的疆土更广阔了，向西到达沫水、若水，向南到达牂牁的边界，开通了去灵山的通道，在孙水上架桥，连通了邛、莋之地。报告到朝廷后，武帝非常高兴。

【原文】

相如口吃而善著书。常有消渴病①。与卓氏婚，饶于财。故其仕宦，未尝肯与公卿国家之事，常称疾闲居，不慕官爵。

【注释】

①消渴病：现代所称的糖尿病。

【译文】

司马相如口吃但善于著书。他患上了糖尿病。和卓文君结婚后，家境富裕，所以他当官时，并不参与争权夺利，而是常常称病在家赋闲，不羡慕高官厚禄。

名师点评

司马相如是西汉一代辞宗，他的《子虚赋》《上林赋》是汉赋中的极品。司马相如也是汉武帝时极为卓越的政治活动家。他开始是以文采见重于汉武帝，但是识人的汉武帝破格提拔司马相如为钦差大臣，两度出使，逾巴渝、通西夷。最终却因司马相如所作《难蜀父老》中的讽喻而使汉武帝不高兴，找借口罢了他的官。司马相如传世的赋文，大都隐含讽喻旨趣，委婉劝人，实可借鉴。

延伸/阅读

梁园

梁孝王名刘武，是汉文帝之子，母亲为窦太后。“七王之乱”中，梁孝王率兵抵御叛军，立下大功，再加上受到窦太后的宠爱，享受着不亚于皇帝的待遇。他热爱文学，且有意争夺继承皇位的权利，因此在自己的都城睢阳（今河南商丘睢阳区）内建了一座豪华的梁园，延揽天下名士到园内居住。邹阳、严忌、枚乘、司马相如、公孙诡、羊胜等名士，都曾在梁园内与梁孝王一道饮酒、吟诗、狩猎等，一时之间梁园成为天下名士向往的胜地。枚乘的《七发》、司马相如的《子虚赋》等杰出作品均创作于梁园之内，形成了著名的“梁园文学”。公元前 144 年，梁孝王病逝，众多名士或受朝廷征辟，或返回故乡，盛极一时的梁园逐渐陷入沉寂，但依然受到后世的敬仰。

学海/拾贝

☆ **相如时从车骑，雍容闲雅，甚都。及饮卓氏弄琴，文君窃从户窥，心说而好之，恐不得当也。**

☆ **文君夜亡奔相如，相如与驰归成都。家徒四壁立。**

☆ **相如身自著犊鼻裈，与庸保杂作，涤器于市中。**

王莽传

名师导读

王氏家族为外戚显贵，但由于王莽早年遭受失怙之忧，因此更加勤奋好学、慎言慎行，凭借“外交英俊”“内事诸父”的手腕逐步踏上仕途。王莽为人处世好求名声，性情色厉言方，在汉衰之世，欺上瞒下，以诈术赢得朝廷和太后的信任，受众人拥戴，名为辅臣，实行天子之权，最终篡汉称帝，建立王莽政权。王莽历来是一个颇受争议的人物，他的种种改制为历代人唾弃。

【原文】

王莽字巨君，孝元皇后①之弟子也。元后父及兄弟皆以元、成世②封侯，居位辅政，家凡九侯、五大司马③。……唯莽父曼蚤死，不侯④。莽群兄弟皆将军五侯子⑤，乘时侈靡，以舆马声色佚游相高⑥，莽独孤贫，因折节⑦为恭俭。

【注释】

①孝元皇后：汉元帝刘奭的皇后王政君（公元前 71—前 13 年）。

②元、成世：元帝、成帝时期。

③九侯：指阳平侯王禁、平阿侯王谭、安成侯王崇、成都侯王商、红阳侯王立、曲阳侯王根、高平侯王逢时、安阳侯王音、新都侯王莽。

五大司马：王凤、王音、王商、王根、王莽都曾任大司马。大司马，官名，掌管全国军政，实权超过丞相，西汉后期往往由大权在握的外戚担任。

④不侯：没有封侯。

⑤群兄弟：叔伯兄弟。五侯：王谭、王商、王立、王根、王逢时于同日封侯，世称五侯。

⑥舆马声色：泛指旧时统治阶级的淫乐方式。佚游：放纵游荡而无节制。相高：互相攀比。

⑦折节：自己降低自己的身份。

【译文】

王莽，字巨君，是孝元皇后的侄儿。元后的父兄都在元帝、成帝时期被封侯爵，身居要职，左右朝政，全家共有九位王侯、五个大司马。……只有王莽的父亲王曼去世早，没得侯位。王莽的堂兄弟都是将军列侯的儿子，有钱有势，声色犬马，互相攀比，只有王莽境况贫寒，因此屈己待人，恭敬俭朴。

【原文】

受礼经[①]，师事沛郡[②]陈参，勤身博学，被服如儒生。事母及寡嫂，养孤兄子，行甚敕备[③]。又外交英俊，内事诸父[④]，曲[⑤]有礼意。阳朔[⑥]中，世父大将军凤病[⑦]，莽侍疾，亲尝药，乱首垢面，不解衣带[⑧]连月。凤且死，以托太后[⑨]及帝，拜为黄门[⑩]郎，迁射声校尉[⑪]。

【注释】

①礼经：指《周礼》或《仪礼》。

②沛郡：郡名（在今安徽淮北西北）。

③敕（chì）备：修整严谨。

④诸父：伯叔的统称。

⑤曲：委婉，周到。

⑥阳朔：汉成帝年号，共四年（公元前24—前21年）。

⑦世父：伯父。凤：王凤（？—前22年），成帝时任大司马大将军，辅政十一年。

⑧不解衣带：没有正常的睡眠。

⑨太后：指元后。

⑩黄门：秦汉宫中官署名，设有黄门侍郎、给事黄门侍郎等官。

⑪射声校尉：掌管待诏射声的武官。

【译文】

他尊沛郡人陈参为老师，学习礼经，读了很多书，穿着儒雅。他侍奉母亲和守寡的嫂子，抚养哥哥留下的孤儿，行为十分谨慎检点。还广泛结交英豪俊杰，在家族中服侍伯父叔父，委婉周到、彬彬有礼。汉成帝阳朔年间，他的伯父大将军王凤病了，王莽侍候疾病，亲自尝药，蓬头垢面、衣不解带地悉心照顾几个月。王凤临死之前，把他托付给王太后和成帝，一开始被任命为黄门郎，后被擢升为射声校尉。

【原文】

久之，叔父成都侯商[①]上书，愿分户邑以封莽，及长乐少府戴崇、侍中金涉、胡骑校尉箕闳、上谷都尉阳并、中郎陈汤[②]，皆当世名士，咸为莽言，上由是贤莽。永始元年[③]，封莽为新都侯，国南阳新野之都乡[④]，千五百户。

【注释】

①商：王商（？—前12年），成帝时任大司马，辅政四年。

②长乐少府：官名，掌长乐宫事务。侍中：官名，侍卫皇帝出入宫廷。胡骑校尉：武官名，掌管归附的胡人骑兵。上谷：郡名，治沮阳（在今河北怀来东南）。中郎：官名，属郎中令（光禄勋）。陈汤：山阳瑕丘（今山东兖州）人。

③永始元年：公元前16年。

④国：封国。南阳新野：南阳郡新野（今河南新野）。都乡：乡名。

【译文】

过了很久，他的叔父成都侯王商上书，表示愿意将自己的一部分封地分给王莽，还有长乐宫少府戴崇、侍中金涉、胡骑校尉箕闳、上谷郡都尉阳并和中郎陈汤，都是当时很有名望的人，全在朝中极力为王莽说话，皇上由此认为王莽贤能。永始元年，封王莽为新都侯，封国在南阳郡新野的都乡，食邑一千五百户。

【原文】

迁骑都尉、光禄大夫、侍中①，宿卫谨敕，爵位益尊，节操愈谦。散舆马衣裘②，振施宾客，家无所余。收赡③名士，交结将相卿大夫甚众。故在位④更推荐之，游者为之谈说，虚誉隆洽⑤，倾⑥其诸父矣。敢为激发⑦之行，处之不惭恧⑧。

【注释】

①骑都尉：官名，掌皇帝的卫队。光禄大夫：官名，属光禄勋。

②舆马衣裘：泛指财物。舆马，车马。衣裘，夏衣冬裘。

③收赡：接纳，供养。

④在位：指担任高官者。

⑤隆洽：隆盛周遍。

⑥倾：超过。

⑦激发：矫揉造作。

⑧恧（nǜ）：惭愧。

【译文】

后来提升为骑都尉兼光禄大夫加侍中衔，王莽谨慎小心，官阶职位越尊贵，态度作风越谦恭。他施舍财物，接济宾客，家里不留多余的财物。他接待联络知名人士，结交了许多将军、宰相、卿大夫。所以当权的大人物更加推荐他，社会上的知名人士对他宣扬称赞，好名声传遍了社会各界和朝廷，甚至超过了他的伯父、叔父们。他敢于做出装腔作势的行为，却从不感到惭愧。

【原文】

莽既拔出同列，继四父[①]而辅政，欲令名誉过前人，遂克己不倦，聘诸贤良以为掾史[②]，赏赐邑钱[③]悉以享士，愈为俭约。母病，公卿列侯遣夫人问疾，莽妻迎之，衣不曳地，布蔽膝[④]。见之者以为僮使[⑤]，问知其夫人，皆惊。

【注释】

①四父：指诸父王凤、王音、王商、王根。

②掾史：泛指官员。

③邑钱：封邑的赋税收入。

④蔽膝：护膝的围裙。

⑤僮使：仆人，使女。

【译文】

王莽既已超过同辈而突起，继四个伯父、叔父之后辅佐朝政，他想要使自己的名誉超过前人，便不知疲倦地克己奉公，聘请许多贤良充当办事人员，皇帝封邑和赏赐的收入全部都用来款待士人，自己则更加俭朴节约。他母亲病了，三公九卿和列侯派遣夫人前来探问病情，王莽的妻子出去迎接，衣裙没有拖到地上，系着布围裙。看见她的人以为她是奴婢，得知她是夫人时，都大吃一惊。

【原文】

辅政岁余，成帝崩，哀帝即位，尊皇太后为太皇太后①。太后诏莽就第②，避帝外家③。莽上疏乞骸骨④，哀帝遣尚书令⑤诏莽曰："先帝委政于君而弃群臣⑥，朕得奉宗庙，诚嘉⑦与君同心合意。今君移病求退⑧，以著朕之不能奉顺先帝之意，朕甚悲伤焉。已诏尚书待君奏事。"又遣丞相孔光、大司空何武、左将军师丹、卫尉傅喜白太后曰⑨："皇帝闻太后诏，甚悲。大司马即不起⑩，皇帝即不敢听政。"太后复令莽视事。

【注释】

①太皇太后：对皇帝祖母的尊称。此指王太后。

②就第：指免职回家。

③外家：指哀帝祖母家傅氏及母家丁氏。

④乞骸骨：古代官吏因年老请求退职的一种说法，使骸骨得以归葬故乡。

⑤尚书令：官名，掌文书奏章。自武帝以后其职权渐重。

⑥弃群臣：君主死之婉辞。

⑦嘉：希望之意。

⑧移病求退：指上书言病，或因病而移居。

⑨孔光：鲁国鲁县（今山东曲阜）人。大司空：官名，成帝时改御史大夫称大司空。何武：蜀郡郫县（今四川成都郫都区）人。师丹：琅邪东武（今山东诸城）人。傅喜：河内温县（今河南焦作）人。

⑩即：如果。不起：不出来做官。

【译文】

王莽辅佐朝政一年多，成帝逝世，哀帝登上皇位，尊称皇太后为太皇太后。王太后命令王莽回家，让权给哀帝的外戚。王莽上书请求还乡，哀帝就派尚书令诏令王莽说："先帝去世，将朝政托付给您，现在由朕接掌江山，诚心希望您能辅佐朕治理国家。如今您因病辞去官职，使得朕不得遵从先帝的意旨，朕对此悲痛不已。现已指令尚书等候您入宫朝见。"又指派丞相孔光、大司空何武、左将军师丹、卫尉傅喜向太后禀告："皇帝听闻太后的诏命后，十分伤心。如果大司马不肯出仕，皇帝就不敢处理朝廷政务。"王太后只好让王莽继续任职理事。

【原文】

于是附顺者拔擢①，忤恨者诛灭。王舜、王邑②为腹心，甄丰、甄邯主击断③，平晏领机事，刘歆典文章，孙建为爪牙。丰子寻、歆子棻、涿郡崔发、南阳陈崇皆以材能幸于莽。莽色厉而言方④，欲有所为，微见风采，党与承其指意而显奏之，莽稽首涕泣，固推让焉，上以惑太后，下用示信于众庶。

【注释】

①拔擢（zhuó）：提拔，挑选提升。

②王邑：王商之子。

③主击断：掌管纠察、弹劾、审判等职权。

④色厉而言方：表情严厉而言辞方直。

【译文】

就这样，依附他的人被提拔，触犯他的人被消灭。王舜、王邑成了他的亲信，甄丰、甄邯掌管纠察、弹劾、审判等职权，平晏掌管机密的军政大事，刘歆掌管礼乐和典章制度，孙建成了他的心腹。甄丰之子甄寻、刘歆之子刘棻、涿郡的崔发、南阳的陈崇都因为才能出众而得到王莽的赏识。王莽表情严厉，说话方直，想要有所行动，只需略微示意，党羽就会秉承他的意图，明白地报告上去，王莽就磕头流涕，坚决推辞谦让，他对上用这种手段迷惑王太后，对下显示诚信。

【原文】

莽既说众庶，又欲专断，知太后厌[①]政，乃风[②]公卿奏言："往者，吏以功次迁至二千石[③]，及州部所举茂材[④]异等吏，率多不称，宜皆见安汉公。又太后不宜亲省[⑤]小事。"令太后下诏曰："皇帝幼年，朕且统政，比加元服[⑥]。今众事烦碎，朕春秋[⑦]高，精气不堪，殆非所以安躬体而育养皇帝者也。故选忠贤，立四辅，群下劝职，永以康宁。孔子曰：'巍巍乎，舜禹之有天下而不与焉！'[⑧]自今以来，惟封爵乃以闻。他事，安汉公、四辅平决[⑨]。

州牧、二千石及茂材吏初除奏事者，辄引入至近署对安汉公，考故官，问新职，以知其称否。”于是莽人人延问[⑩]，致密恩意，厚加赠送，其不合指，显奏免之，权与人主侔矣。

【注释】

①厌（yàn）：厌倦，厌烦。

②风：通“讽”。

③二千石：指俸禄二千石的官职。

④茂材：才德优异之士。材，通“才”。

⑤省：过问之意。

⑥加元服：指举行冠礼。

⑦春秋：指人的年岁。

⑧“巍巍乎”二句：见《论语·泰伯篇》。谓舜、禹治天下，委任众贤理政，而不亲自参与政事。巍巍，高大貌。

⑨平决：评断。

⑩延问：接见询问。

【译文】

王莽已经赢得了大家的好感，便想要专权独断，知道王太后厌弃政事，便示意公卿大臣上奏章说：“先前的官吏靠功劳升迁到俸禄二千石之职，以及州部所举荐的优良秀才出身的官吏，多不称职，应当令他们都去拜见安汉公，接受考核。况且太后不适宜亲自干预细微琐事。”让王太后下诏书说：“皇帝年幼，我暂时掌管政权，直到皇帝成年加冠。如今繁重的政务缠身，我年事已高，精疲力竭，这恐怕不是修养身心从而培育皇帝的良方。因此要择选贤能、忠信的人，设置四辅，使文武百官恪尽职守，使国家永远和平安定。孔子说：‘多么崇高啊，虞舜、夏禹治理国家，都是任用贤臣得以功成名就，而不是凡事要躬行！’从今以后，只有封爵位的事上报朝廷。其余杂务，由安汉公和四辅判定决策。州牧、二千石以及秀才出身的官吏初次任职授官需要禀奏事务的，就领他们到临近宫殿的公署向安汉公报告，并对原来的公务进行考查，对新任的职务加以询问，以了解他们是否能够胜任。”于是王莽连续接见询问这些官吏，尽可能地表示爱护和关怀，并馈赠厚礼，如果有不如愿的，就清楚地上奏，请求罢免他的职务，王莽的权力几乎能和皇帝相提并论了。

【原文】

莽欲以虚名说太后，白言“亲承前孝哀丁、傅奢侈之后，百姓未赡①者多，太后宜且衣缯练②，颇损膳，以视③天下”。莽因上书，愿出钱百万，献田三十顷，付大司农④助给贫民。于是公卿皆慕效焉。莽帅群臣奏言：“陛下春秋尊，久衣重练，减御膳，诚非所以辅精气，育皇帝，安宗庙也。臣莽数叩头省户⑤下，白争未见许。今幸赖陛下德泽，间者风雨时，甘露降，神芝生，蓂荚、朱草、嘉禾⑥，休征⑦同时并至。臣莽等不胜大愿，愿陛下爱精休神，阔略思虑，遵帝王之常服，复太官之法膳，使臣子各得尽欢心，备共养。惟哀⑧省察！”

【注释】

①赡（shàn）：足，充足。

②缯练：没有花纹的丝织品。

③视：通“示”。

④大司农：官名，掌管租税、钱谷、盐铁和全国财政收支。

⑤省户：宫中门户。

⑥蓂荚：古代传说的一种瑞草。朱草：红色的小草，可做染料。嘉禾：生长得突出的禾苗。

⑦休征：吉利的征兆。

⑧哀：怜悯。

【译文】

王莽想要用虚名博得王太后的欢心，说“以前哀帝时期丁家、傅家奢侈浪费之后，很多老百姓不得饱暖，太后可以暂时穿着朴素的绸绢，略微减少些山珍海味，以此昭示全国”。王莽接着上书，愿意出钱一百万，献田三十顷，交给大司农去救济贫民。于是，王公大臣都仿效他行事。王莽率大臣上奏太后说：“陛下您年岁已高，久穿粗糙衣物，缩减菜肴，实在不利于身心健康，更不是教导皇帝、安定国家的良策。臣王莽屡次到宫中省部门下磕头，全力禀奏请求，也没有得到准许。如今凭靠陛下的恩德，近年来风调雨顺，天降甘露，灵芝出现，黄荚、朱草、嘉禾和祥瑞吉兆接连而至。臣王莽等人最大的心愿，就是希望陛下爱惜身体，休养心神，开阔心胸，减轻忧虑，换上帝王平常的服饰，还原太官规定的帝王的膳食，让臣子们都能尽到对您的爱戴之心，奉上养生的物品。恳请您怜惜谅解！”

【原文】

莽又令太后下诏曰：“盖闻母后之义，思不出乎门阈[①]。国不蒙佑，皇帝年在襁褓，未任亲政，战战兢兢，惧于宗庙之不安。国家之大纲，微[②]朕孰当统之？是以孔子见南子[③]，周公居摄，盖权时也。勤身极思，忧劳未绥，故国奢则视之以俭，矫枉者过其正，而朕不身帅，将谓天下何！夙夜梦想，五谷丰熟[④]，百姓家给，比皇帝加元服，委政而授焉。今诚未皇于轻靡而备味[⑤]，庶几与百僚有

成，其勖之哉！”每有水旱，莽辄素食，左右以白。太后遣使者诏莽曰：“闻公菜食，忧民深矣。今秋幸孰，公勤于职，以时食肉，爱身为国。”

扫码看视频

【注释】

①门阈：门槛。

②微：无。

③南子：春秋时卫灵公的夫人，曾控制卫国的政权。

④丰熟：丰收。

⑤皇：通“遑”。轻靡：指轻细的衣物。

【译文】

王莽又让王太后下诏书说：“曾听闻皇太后的准则，是思想不越过宫门的界限。国家没有获得上天的保佑，皇帝年幼，不能亲临政务，而我惶恐不安，谨小慎微，唯恐国家动荡不安。国家的最高职权，没有朕谁来掌握呢？所以孔子晋见南子，由周公代理朝政，是根据当时形势的需要。朕身累体乏，殚精竭虑，忧愁困苦，心神不定，因此，当天下奢靡之风盛行时就用俭朴淳厚的作风来向全天下昭示，超过应有的限度才有望矫正偏差，如果朕不能身先士卒，天下臣民会怎么样呢！朕一直都企盼着五谷丰登，老百姓都能安居乐业，一直等到皇帝成年，把朝政托付给他。如今实在无心享用轻柔舒适的衣物和丰富美味的食物，只愿和百官有一番作为，以此勉励啊！”每逢发生水旱灾害，王莽就只吃蔬菜，不用酒肉，侍从官把情况报告了上去。王太后派遣使者命令王莽道：“听说你只吃蔬菜，不用酒肉，深切地关怀百姓。今年的庄稼幸而丰足，你尽职尽责，应当按时吃肉食，爱护身体才能治理好国家。”

【原文】

莽念中国已平，唯四夷[①]未有异，乃遣使者赍黄金币帛[②]，重赂匈奴单于[③]，使上书言："闻中国讥二名[④]，故名囊知牙斯[⑤]今更名知，慕从圣制。"又遣王昭君[⑥]女须卜居次入侍。所以诳耀[⑦]媚事太后，下至旁侧长御[⑧]，方故万端[⑨]。

【注释】

①四夷：古代对边远各族的泛称。东夷和北狄、西戎、南蛮并称四夷。

②赍（jī）：把东西送人。币帛：古代用作礼物的丝织品。

③单于：匈奴人对其部落联盟首领的专称，意为广大之貌。

④讥二名：古人之名大都只用一个字，表字才用两个字。《春秋公羊传·定公·六年》云："讥二名，二名非礼也。"

⑤囊知牙斯：匈奴乌珠留单于之名。

⑥王昭君：王嫱，南郡秭归人。汉元帝时入宫，为和亲远嫁匈奴呼韩邪单于，称宁胡阏氏，又嫁复株累单于，生二女。

⑦诳（kuáng）耀：欺骗，蒙蔽。

⑧长御：随从侍者，多为宦官。

⑨万端：多种多样，花样无穷。

【译文】

王莽想到中国已经安定，只有四方外族还没有什么变化，于是派遣使者带着金钱财物，以重礼贿赂匈奴单于，让单于报告说："听说中国讥诮双名，我原名囊知牙斯，现在改名知，以表示仰慕遵从中原的制度。"又派遣王昭君的女儿须卜居次侍奉王太后。王莽迷惑谄媚王太后，下至她身边的随从宦官、侍女，手段竟是如此地多种多样、千变万化。

【原文】

莽既尊重，欲以女配帝为皇后，以固其权，奏言：“皇帝即位三年，长秋宫[1]未建，液廷媵[2]未充。乃者，国家之难，本从亡嗣[3]，配取不正[4]。请考论五经，定取礼，正十二女之义[5]，以广继嗣。博采二王后及周公孔子世列侯在长安者適子女[6]。”事下有司[7]，上众女名，王氏女多在选中者。莽恐其与己女争，即上言：“身亡德，子[8]材下，不宜与众女并采。”太后以为至诚，乃下诏曰：“王氏女，朕之外家，其勿采。”庶民、诸生、郎吏以上守阙上书者日千余人，公卿大夫或诣廷中，或伏省户下，咸言：“明诏圣德巍巍如彼，安汉公盛勋堂堂若此，今当立后，独奈何废公女？天下安所归命！愿得公女为天下母[9]。”

【注释】

①长秋宫：汉宫殿名。用作皇后的代称。

②媵（yìng）：随嫁的女子。此指妃嫔。

③本从亡嗣：指成帝选定哀帝继位乃因无子之事。

④配取不正：指成帝以出身微贱的赵飞燕姐妹为后妃，都未生儿女。

⑤十二女之义：相传自夏代始，帝王娶十二女为后妃。

⑥二王后：指商、周王族后代子孙。適子女：正妻所生的儿女。適，同“嫡”。

⑦有司：指官吏。古代设官分职，各有专司，故称有司。

⑧子：指女儿。

⑨天下母：指皇后。

【译文】

王莽既已得到了权势，便想要把女儿许配平帝做皇后，以巩固自己的权力，上奏道："皇帝登上皇位三年了，没有聘娶皇后，妃妾没有配齐。先前国家的灾难，本归咎于没有继承人，婚娶不合乎制度。应根据《五经》之义，制定婚配礼仪，确定十二女的原则，以求多多生育继承人。广泛选择商周朝王族后代及孔子和周公世家列侯在长安的嫡长女进宫。"事情下交主管官吏办理，上报了许多女子的名单，王氏家族的女儿有很多在候选名单当中。王莽担心她们跟自己的女儿竞争，就报告道："自己平庸，女儿资质差，不宜跟众女子同时被选。"王太后以为王莽是出于最大的诚意，便下诏书说："王氏家族的女儿，是我的娘家人，应当不予选择。"平民、儒生、郎官以上守候在宫门前上书的每天有一千多人，三公、九卿、大夫有的到朝堂上，有的跪在大臣官署门前，都说："英明诏令所表现出来的圣明德行是那样崇高，可安汉公的伟大功勋这样彰明，现在选立皇后，怎么偏偏不要安汉公的女儿呢？全国人民往哪里去容身立命呢！我们希望能让安汉公的女儿做国母。"

【原文】

莽遣长史以下分部晓止公卿及诸生，而上书者愈甚。太后不得已，听公卿采莽女。莽复自白："宜博选众女。"公卿争日："不宜采诸女以贰正统[①]。"莽白："愿见女。"太后遣长乐少府、宗正、尚书令纳采见女[②]，还奏言："公女渐渍德化，有窈窕之容，宜承天序[③]，奉祭祀。"有诏遣大司徒、大司空策告宗庙，杂加卜筮，皆日："兆遇金水王相[④]，卦[⑤]遇父母得位，所谓'康强'之占，'逢吉'之符也。"信乡侯佟上言："春秋，天子将娶于纪[⑥]，则褒纪子称侯[⑦]，安汉公国未称古制。"

【注释】

①贰正统：意谓干扰王莽女儿应得的皇后地位。贰，背离。

②纳采：古代婚礼程序之一，男方备礼前往女方家求婚。

③天序：帝王的世系。

④金水王相：古卜认为金水相生，故金旺则水相。

⑤卦：古人以阴阳两爻的组合变化，组成六十四卦。

⑥纪：古小国名，姜姓，在今山东寿光南。公元前690年亡于齐。

⑦褒纪子称侯：意谓将纪君从子爵升为侯爵。

【译文】

王莽派遣长史以下的属官分批晓谕劝阻九卿、三公和诸生，可是上书的人心情却更加迫切。王太后不得已，只好听凭公卿大臣选取王莽的女儿。王莽又自己申明："应当广泛地在众多的女子中挑选。"公卿大臣争辩说："不应当选择那么多女子以干扰皇后的正统地位。"王莽说："愿意让女儿出来见一见。"王太后派遣长乐宫少府、宗正、尚书令去送彩礼看亲，他们回来报告道："安汉公的女儿长期受到道德教育的熏陶，有美丽的容貌，适合做帝王的妻子，侍奉祭礼的大事。"此外还下诏指令大司徒、大司空到宗庙祷告，并用各种方法来占卜、预料吉凶，都说："征兆巧遇金旺水相，由于金生水，那么卦的含义就是泰卦，暗示父母得位，这就是人们常说的'康乐强健'的祥兆，象征着'子孙大吉'。"信乡侯刘佟上奏："据《春秋》记载，在天子即将从纪国娶王后时，要先将纪君从子爵晋升为侯爵，可见安汉公的封国不合乎古代的制度。"

【原文】

事下有司，皆曰："古者天子封后父百里，尊而不臣，以重宗庙，

孝之至也。佟言应礼，可许。请以新野田二万五千六百顷益封莽，满百里。”莽谢曰：“臣莽子女诚不足以配至尊，复听众议，益封臣莽。伏自惟念，得托肺腑[①]，获爵土，如使子女诚能奉称圣德，臣莽国邑足以共[②]朝贡，不须复加益地之宠。愿归所益。”太后许之。有司奏“故事，聘皇后黄金二万斤，为钱二万万”。莽深辞让，受四千万，而以其三千三百万予十一媵家。群臣复言：“今皇后受聘，逾群妾亡几[③]。”有诏，复益二千三百万，合为三千万。莽复以其千万分予九族贫者。

【注释】

①肺腑：本作“柿附”，比喻皇亲国戚。

②共：同“供”。

③逾：超过。亡几：很少。

【译文】

太后把这件事交给主管官吏商量，官吏们都说：“以前天子把纵横一百里的土地封给王后的父亲，对他十分尊重而不把他当作臣子对待，以此表示重视宗庙祭祀，这是最大的孝道。刘佟的话符合礼法，可以得到批准。请把新野县二万五千六百顷的田地加封给王莽，补足纵横各一百里的范围。”王莽却推辞说：“臣王莽的女儿本不足以匹配尊贵的君主，现在又听从大家的商议，加封土地给我。臣深自思忖，靠的是皇亲国戚的缘故，获得了爵位和土地，如果说女儿真能配上圣上的品德，臣封地的赋税足以用来供给朝见时进献的贡品，不需要加封土地了。我愿意归还所增加的封地。”王太后答应了他。主管官吏上奏说“按照惯例，聘娶皇后应赐黄金二万斤，折合银钱二万万”。王莽一再恳切地推辞不受，接受了四千万，然而却把其中三千三百万赠给了另外十一个嫔妃的家里。臣僚们又说：“现在皇后接受的聘礼，也没有比各位嫔妃侍妾多出多少来。”王太后又下诏令，再增加二千三百万，合成三千万的聘礼。王莽又把其中的一千万分给了九族中的贫穷人家。

名师点评

王莽既是西汉末年的野心家，也是具有改革精神的政治家。他能清醒地意识到土地问题和奴婢问题是当时最为严重的社会问题，但他的“托古改制”将土地收归国有，禁止私人蓄奴，让国家管控市场经济，改革币制……不仅没有达到缓解社会危机的初衷，反而使危机更加深化。因为这种自上而下的儒家的乌托邦式改革，触动的是整个封建王朝所有既得利益阶层，所以，在执行中不可能获得官僚阶层的拥护和配合，导致社会底层破产普遍，社会动荡加剧，直至用暴力推翻王莽的“新朝”。王莽改制的经验教训很多，但从实际出发，制定切合实际的方针和政策恐怕是最为关键的。

延伸/阅读

外戚干政

王莽篡汉，是在西汉末期外戚王氏长期把持朝政的基础上实现的。公元前33年，汉成帝刘骜继位，他沉湎酒色，朝政落入他的母亲太后王政君手中。王政君是汉元帝的皇后，长期受到冷落，刘骜也差点被废，但汉元帝考虑到王政君为人谨慎，再加上宠臣史丹的拥护，才没有废掉太子。

王政君掌权之后，先让自己的哥哥王凤当了大司马大将军，弟弟王崇被封为安成侯。后来又一天之内封王谭、王商、王立、王根、王逢时五兄弟为侯，世称“五侯”，形成“王凤专权，五侯当朝”的局面，天下实际上已经落入王氏手中。王凤死后，王政君的侄子王莽逐渐崛起，当上了大司马。

汉哀帝时，皇帝有心限制王氏权力，王氏一度衰落。但汉哀帝早亡，王政君夺得传国玉玺，立了九岁的汉平帝当傀儡，自己临朝称制，王莽则进一步把持了朝政。公元 9 年，王莽篡位称帝，西汉终于在长期的外戚专政中走向了灭亡。

学海/拾贝

☆ 莽群兄弟皆将军五侯子，乘时侈靡，以舆马声色佚游相高，莽独孤贫，因折节为恭俭。

☆ 莽色厉而言方，欲有所为，微见风采，党与承其指意而显奏之，莽稽首涕泣，固推让焉，上以惑太后，下用示信于众庶。

☆ 故选忠贤，立四辅，群下劝职，永以康宁。孔子曰：“巍巍乎，舜禹之有天下而不与焉！”

☆ 勤身极思，忧劳未绥，故国奢则视之以俭，矫枉者过其正，而朕不身帅，将谓天下何！夙夜梦想，五谷丰熟，百姓家给，比皇帝加元服，委政而授焉。今诚未皇于轻靡而备味，庶几与百僚有成，其勖之哉！